# 今がいちばん。花と暮らして

永順80歳

高橋永順
Takahashi Eijun

KADOKAWA

１９９６年、初夏の山小屋の庭にて。

プロローグ
～花と一緒に生きてきた

# 80歳になっても
# 何も変わらない花と私。
# 今も毎日、毎日、
# 花をいけています

花をいけ、自分でその写真を撮るようになって
48年の月日が流れました。
肩書きは、写真家・フラワーアーティストと
いわれてきましたが、
私にはそんなつもりはありません。
ただ、群馬の山麓での山小屋生活から、
野に咲く花に魅せられて、花をいけ始め、
人生の転機となるような
出会いとご縁に導かれるままに、
花の道をずっと歩み続けることとなりました。
その間、テレビや書籍、雑誌などを通して
多くの人に、私の花を見ていただいてきたのですから、
とても幸せなことです。
あるがままに咲く野の花に、
まっすぐな生き方を教えてもらいながら
いつの間にかここまで…。
これからもきっとその積み重ねです。

プロローグ

〜野の花のように、飾らずに…

# ありのままの心で
# したいことをする。
# いつだって
# 〝今〟の暮らしがいちばん

朝起きると、その日の気分の服を着て、
テラスに咲く花の様子を見てから散歩に出ます。
天気予報はいつも気にしていて
晴天なら、何はともあれ花をいけることが最優先。
時には散歩も止めて、テラスの花を摘みます。
そして、花をいける前の水揚げという作業をし、
その間にすばやく朝食をすませ、撮影の準備も。
雲があれば不安にもなるけれど、平気。
きっと晴れ間が出てくれるわ。
毎日、そんなふうに、夢中で好きなことをします。
日々の暮らしが何より大切だから、
1日3度の食事も、洗濯も、
ミシンを踏んで縫い物をするときも真剣に。
私、生活真剣派なのです。
過ぎてしまったことよりも、
どんなに考えてもわからない未来よりも、
〝今〟がいちばん素敵だと思うの。

２０２４年、
自宅のテラスにて。

# もくじ
Contents



アートディレクション／岡本一宣
デザイン／小埜田尚子、久保田真衣、
加藤万結、岡本沙子(O.I.G.D.C)
撮影／高橋永順、高橋省三、中野博安
絵／高橋省三
DTP／新野 亨
校正／麦秋アートセンター
協力／関口五郎(ROUTE56)
編集協力／飯田充代、窪田裕子
編集／柳 緑(KADOKAWA)

## 二章 日の光あふれて。穏やかな日々

# 一章

Part 1 Eijun History

## 花と出会い、人と出会う。

〜大好きな花とともに

# くすんだ紅茶色のバラの名前は、ジュリア。華やかな色のバラだけではなく、どこか翳りのある花にも目を留めて

バラには数万もの品種があり、それぞれ名前があります。ジュリアもそのひとつ。くすんで、どこか翳りのある花を初めて見たとき、私は紅茶色のバラと呼びました。咲ききって、しべが見えてなお優雅なプリマのよう。今まで幾度となくいけてきたバラね。

シフォンのような花びらのジュリアだけをたわわにかごに。咲ききった1本1本を集めた喜びに満ちて。

ぽったりと艶やかな
ピンクの大輪。
青いデルフィニウム、
白いナニワノイバラ、
ゼラニウムの赤とともに。

～大好きな花とともに

## 甘く香るスパニッシュ・ビューティーは
## エレガントで艶っぽいつるバラ。
## 大輪の花びらがひらひらと舞って、
## 茎はしなやかに流れて

私のバラの好みはわりとはっきりしているの。咲ききった花びらが、しなやかな茎の先でうつむいて揺れる姿が大好き。とりわけつるバラのスパニッシュ・ビューティーは今も大のお気に入りで、何十年も育てています。エレガントで、情熱を秘めた花。

ピーチ・ブロッサム

→

半八重咲きの
イングリッシュローズ。
フリルのように
波打つ花びらが
優雅です。

マレーラ

←

かなりの大輪なのに、
オレンジ色の花びらが
ゆっくり咲く
おおらかなバラ。
甘い芳香も魅力的。

エトワール・ド・オーランド

→

香り高い真紅のバラ。
この赤を差し色に
1輪入れただけで、
全体が
いきいきと。

デンティベス

←

完璧なひと重咲きは
香りも爽やか。
夜は眠ってしまい、
数日で散ってしまう
ほど、はかない花。

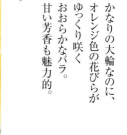

～大好きな花とともに

## ひと重咲きや半八重咲きのバラの
## ひそやかな美しさ。
## しべを見せるほどに咲ききって、
## 風に揺れる軽やかな気品が

華やかなバラとはまた違う、ひそやかなバラの美しさに心惹かれます。はかなく光に透けるピーチ・ブロッサムの花びら、長いまつ毛のようなさび色のしべと、花びらの色のバランスが完璧なデンティベス…。順位はつけられないの、すべてが素敵です。

ザ・ラーク・アセンディング
ミセス・オークリー・フィッシャー

小ぶりの、淡い杏色とイエローの2種。
軽やかで優しい姿は
気品さえ
感じさせて。

~大好きな花とともに

# 野の花との出会いは
# 思いがけない喜び。
# 花を摘んだ草むらの中に、
# 野にあるよりもさらに美しい姿を

野の花は出会いです。野山の開発が進み、その機会がどんどん少なくなるのは悲しいけれど。ひっそりと咲く花に思いがけなく出会えた喜びは、言い尽くせないほど。二度と会えないかもしれない花の、その一瞬の美しさをより際立たせていけたいと思います。

風にそよぐ純白の
サラシナショウマと、
ウツギ、トリカブトなど
そのときしか出会えない
花を草むらの中に。

## デルフィニウムは
## 空の青さも海の青さも、
## この世のすべての
## 青さを持って生まれたような花

デルフィニウムは私にとって青い宝石のような、いちばん好きな花です。まだ花屋さんにこの花がない頃は種から育てていたほどで、透明感のある青い花が華奢な茎にぽつぽつと咲く品種がお気に入り。この花はいつも控えめだから、なおさら愛おしいのかも。

いつも脇役に
なってしまう、
消え入りそうな青さの
デルフィニウムだけを
いけて、主役に。

〜大好きな花とともに

しべを見せながら
うつむいて揺れるユリの姿。
花びらは白く澄み、
凜とした香りを放ち続けて

オトメユリのような細身のユリや、花びらがそり返るユリの、うつむいて揺れる姿が好き。香りも大輪のユリより優しく凜としています。花嫁のブーケにするときは別だけれど、ユリはしべの花粉もそのまま見せたい。それが本当の美しさだと思うから。

咲き進むにつれて
花びらがそり返り、
白く澄んで揺れる
ユリだけを
ガラスのコンポートに。

# 風に揺れて
# 散り際も美しいコスモスは
# きっと誰もが
# 大好きな秋の花

光に透けてゆくコスモスの花びらの、とりわけ桜色と白い花が好き。山小屋の庭でたくさんのコスモスを育てて、秋風を感じながら素朴なバスケットにたっぷりといけます。花びらだけでなく、さやさやとして霧のように細い葉もいいわね。

ワックスフラワーやノコンギクなど小花をコスモスの花のすき間に入れて。たった今、野原から摘んできたよう。

〜永順・花のひとり言

「花をいけることは
仕事というより
呼吸に近いの。
素敵な花に出会ったら、
ひたすらいけたいだけ」

私はずっと、世の中でフラワーアーティストといわれてきたけれど、自分の肩書は何、と決めたりしたことはありません。花をいけることは仕事というより、むしろ、生きてゆくうえでの呼吸に近いの。心がふるえるほど素敵な花に出会ったら、この花をいけたい！と思い、無意識に、光がもっとも美しい朝の時間に撮影しています。ひたすらいけたいだけ、写真に残したいだけという思いで。

「ときめくバラに出会ったとき、
私はわが家の
テラスで育てます。
バラはやっぱり花の女王。
そして いつも主役ね」

バラの種類って、なんて多いのでしょう。花びらの数や色などもたくさんあって。ひと重咲きや半八重の、光に透けて見える花びらの美しさに、永順は惹かれます。お気に入りのナーセリーから時折届くバラのカタログも楽しみ。ときめくバラに出会ったら、テラスで育てます。わが家には愛犬のステラがいますから、必要な薬剤をまいたりできない。バラのガーデナーとしてはアマチュアでも、十分楽しいのです。

# テラスに咲く
# ひと重の白いナニワノイバラ。
# 朝摘みの花を
# そのままいける幸せ

自宅に庭はないけれど、テラスでいろいろな花を鉢植えで育てています。2階に通じるらせん階段に、まるで天蓋のように茂った純白のナニワノイバラは、日当たりのいい場所で棘が痛いほどすこやか。目が覚めるとすぐに、テラスで咲く花を探すのが日課です。

みずみずしい
純白のバラを
シンプルに
いけただけ。
枝もあばれたままに。

～どの花も軽やかに

花嫁やゲストの心に
残る花であってほしいと、
厳かな教会の祭壇にも
ヴァージンロードにも、
優しく白い花を添えて。

# 花嫁の心が<br>幸せに満ちあふれるよう。<br>純白のブーケは<br>風に揺れるようで素敵

永順流の純白のブーケは、心安らぐ淡い色を加えて軽やかに、風が通るように束ねます。その季節の花を集める準備から始まるウエディング。前日までは花が無事に揃うか心配が尽きなくても、花をいけ始めたら何も考えません。あとは花に任せればいいの。

大輪の純白のユリは、
控えめに後ろに。
マーガレットやラグラス、
オンシジウムの
オブリザタムなどを束ねた
小ぶりなブーケ。

# リースは1年じゅう飾りたい。ナチュラルな色と風合いの木くずやとうもろこしの皮や、身近にあるもので手作り

～どの花も軽やかに

リースはクリスマスだけのものではないの。普段の暮らしに可愛く飾ります。ギフトの箱の中の木くず、夏に食べたとうもろこしの皮、浜辺で拾った貝殻…。接着剤を使わず、身近にあるものを太陽のように丸くつなぎます。色褪せてゆく時間を愛おしんで。

木くずのリース

→

シンプルに木くずがベース。乾燥させたにんにくの皮を花びらの形にまとめ、リースのヘッドに。

グリーンのリース

←

フレッシュな葉と庭に咲く花をいけてつないだだけ。透明なグラス数個を丸く置いてリースに。

ウールのリース

→

ふわふわとした純白のウールのリース。星のようにちりばめたのはドライのセンニチコウ。

天使のリース

←

綿でベースを作り、刺繍したハンカチを巻いて。乾いたヒオウギの実と葉の下にふたりの天使が。

乾燥させた
とうもろこしの皮は
張りのあるリボンのよう。
温かい生成り色に
褪せてゆく草花を合わせて。

淡いピンクの花房は
まるで霞か雲のよう。
木の花は立派な枝より
しなやかな枝を
見つけて。

～どの花も軽やかに

# 木に咲く花は
# 優しい色や香りが
# 季節を知らせてくれて。
# 青々と芽吹く若葉も素敵

大好きな木の花をいけて、いつも季節を迎えます。初夏にはリラ。ライラックより、私はフランス語のリラの響きが好き。花房の優しさと香り高さに抱かれるひとときです。花が散っても毎日水を替えていると、青々と若葉が芽吹いて素敵よ。

～永順・花のひとり言

「ふり返れば、
ずっと暮らしに近い花を
いけてきた永順。
今はテラスに咲いた
花で十分幸せ」

私は過去をふり返ることはないのだけれど、必要があって今までの膨大な花のファイルを見ていたとき、こう思いました。私に大作をいけたいという思いはなくて、ご近所でいただいた花や、ふたりで育てた大好きな花をいけ続けてきた、と。80歳の今も変わらず、テラスに1輪咲いたら、その花を好みの器にいける幸せな日々を送っています。どうぞ、あなたも花をいけるのを難しいと思わないで。

「個性がないと
言われたこともあるけれど、
私の個性を出そうとは思わない。
花はあるがままが
美しいのだから」

自然に逆らわず、同じ季節に咲く花をたくさん集めてひとつの器にいければ、花と花の間を風がさらさらと抜けていきます。花はあるがままがいちばん美しく、それぞれの個性が輝いているの。永順はそれをひとつの器にいけるだけ。個性がない、と言われたこともあるけれど、無個性もまたひとつの個性よ。花で個性を出そうなんて花に失礼じゃないかしら。ただ私は、花と一緒にいたいだけなのです。

# 外国の映画に出てくるような花のある庭を夢見て、ログハウスを手作りしました

少女の頃からの夢は素敵な庭で花をいっぱい育てること。30歳のとき、群馬県の高原の麓にログハウスを省ちゃんと手作りしました。片道5～6時間かかっても毎週末通って。草の上に寝転んで空を見上げていると、大地のエネルギーに全身が満たされるの。

ガーデニングという言葉もまだない頃。山小屋の周りに花の種や苗、球根を夢中で植えて。秋はコスモスの花が風に揺れながら。

↑大好きな青い花のひとつ、ジャーマンアイリス。手をかけなくても素晴らしい花が。

友人も手伝ってくれて建てたわずか6坪の山小屋。数十年後は木々の緑におおわれて。↓

山小屋の近くの林に咲く
ヤブデマリは、
遠くからでも
わかるほど真っ白。
昔植えたワスレナグサの
種が飛んだのか、
青い花があちこちに。

〜私たちの山小屋の春夏秋冬

# 幸せを運んでくる春のスイセン。夏は野の花からヒマワリまで、数えきれないほどの花に囲まれて

山小屋の遅い春。雪が解けて、植えっぱなしのスイセンが一斉に花咲く頃がいちばん幸せです。初夏には、野生のヤブデマリやツユクサ、白いセリの花、ヒマワリまで、数えきれないほどの花。これほど次々に咲くなんて、自然はなんと愛情深いのでしょう。

スペインやイタリアの
旅で出会った
果てしないヒマワリ畑に
憧れて山小屋にも。
太陽のようなヒマワリは、
心がゆったりとなる花。

香り高い花や
小さな花が連なって
咲くスイセンの庭。
土からすくっと立った
茎がのびのびと。

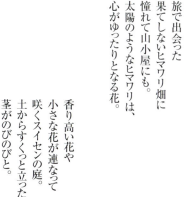

上／赤く色づいたバラの実の枝と、省ちゃんの実家から株をもらって増やした可憐なシオンを、かごに。
右／秋が深まると、数々の実や枯れてゆく枝が温かく輝く。そのカラマツの枝の光をリースに。

~私たちの山小屋の春夏秋冬

秋には数々の実や枝が
温かく輝き、
冬は雪深いところだけれど、
どの季節もただ美しく

秋には山小屋の周りでたくさんの実や枝が温かい光となります。冬は、他の色は消えて雪だけの白い世界に。山小屋の1年はたくさんのものを与えてくれるの。思えば50年前、ここから私の新しい人生が始まりました。山小屋は、私が永順に戻る特別な場所。

花も木も眠り、なかなか
外に出られないけれど、
クリスマスに作った
雪のツリーに灯をともして。
山小屋で迎える新年は
心を真っ白に。

〜永順・花のひとり言

「華やかな花だけが
目立つように
いけるのではなく、
すべての花が輝いて
風が通り抜けるように」

近くの野原や岸辺に咲く花をよーく見てね。人の手が入っていない自然の風景には、どの花が目立って主役、どの花が脇役ということはないの。すべての花がのびのびと輝いて風に吹かれています。同じ季節に咲く花を一緒に、という思いでいけると、華やかな花だけが目立ったりしない。むしろ、他の花の下や後ろに優しく溶け込んで、その強い存在感が和らいで見えます。きっと居心地がいいのでしょうね。

「花が教えてくれるの。
1本の茎を手にすると、
そこにいけてね、という
花の思いが伝わって
無意識に私の手が動くの」

花を手にすると「そこにいけてね」という花の思いが伝わって、無意識に私の手が動くの。だから永順はほとんどいけ直すことがないのです。ただ、撮影のためにファインダーを覗いて、葉の影が花にかかっていて多少手直しをすることはあるけれど。なぜ花の思いが伝わってくるのかしら。少女の頃、私の心の友は花の他になく、じっと花を観て、花のことを知りたいと思い続けてきたせいかしら。

# 6、7歳の頃　花冠をひとり作って

「内気な少女は、
岸辺に咲く花を摘んでは編んで。
それが私の初めての
花との出会いでした」

スウェーデンの
夏至祭を訪ねたとき。
シラカバの小枝を輪にして
野の花の冠を作る
村の少女たちのように、
花冠を編んで髪に。

私は内気で、友だちもいない無口な女の子でした。大家族で、勤勉な両親に「もっと私に構って！」と甘えることもできなかった。いつも岸辺に咲く花を摘んでひとり遊び。隣り合って咲くハルジオンとスミレを束ねたり、白い花を加えたりすることに、ただただ夢中でした。一面に咲くクローバーを編んで花冠を作ったら、母がとてもほめてくれたことも思い出です。花が大好きになり、花をよく観て繊細な違いに心が動くのはきっとこの頃から。花に、私は生かされたの。

もうひとつの大切な思い出は小学校3年のとき。担任の先生に「樹々の色がすごくきれい」と絵をほめられたこと。初めて人に認められ、私は自分の殻を破って前向きに生きようと心に決めたのでした。

夏至祭のときだけ、
スウェーデンでは
シラカバの枝を
折ることが許されるの。
旅の終わりに、
花冠を海に流して。

# 18歳　背中を押し続けてくれた恩師との出会い

「あの夏休みの間じゅう、
忠良先生はアトリエで
永順の胸像を
制作していました」

花を贈るたびに
先生から届いたのは、
その花を描いた
お礼の葉書。

高校の卒業間際になっても将来の希望がない頃。桑沢デザイン研究所の入学案内を偶然目にして心惹かれました。受験準備をしていない私に美術の先生は慌ててデッサンを特訓してくださって、奇跡の合格。

リビングデザイン科のクラスに入り、そこで私は彫刻家の佐藤忠良先生に出会いました。先生は穏やかな方。基礎ができていない私を夏休みにアトリエに呼んでくださって。毎日デッサンをし、いろいろなお話をうかがいました。奥さまが作ってくださるおしゃれな昼ごはんのおいしかったこと！

あの夏じゅう、先生は永順の胸像を制作していました。「僕の子どもたちは物を創る人間になってほしいなあ」という先生の声が、今も心に響きます。

私の胸像は、そのあと
未完成のまま
放置されていましたが、
40年以上の時を経て完成。
「永順」と命名されました。

先生の誕生日に花を
届けて。2011年
98歳で天に召されるまで、
創作の情熱は
消えることなく。

## 24歳　運命の人、省ちゃんと結婚

「人生の節目で
私は幸運な出会いに
恵まれてきたけれど、
いちばんの大切な出会いは
省ちゃん」

痩せておとなしい青年、省ちゃんと出会ったのは18歳のとき。やがて恋に落ちました。初恋の人です。

翌々年、病弱な母が亡くなりました。辛い別れでしたが「好きな人がいるなら結婚しなさい」と言っていました。省ちゃんを紹介したとき、父はひと言も話さなかったけれど…。両親が韓国に生まれ、日本で苦労して子どもたちを育ててくれたことは私の誇りです。ただ、それは時々人生に影を落としました。光もその影も、省ちゃんはまるごと受け入れてくれた人。

反対はあっても、私たちは結婚。新居の食卓に私は可愛いポピーをいけ、母の味をお手本に毎日違うメニューを作りました。友だちも遊びに来て、いつもにぎやか。省ちゃんは太っていきました。

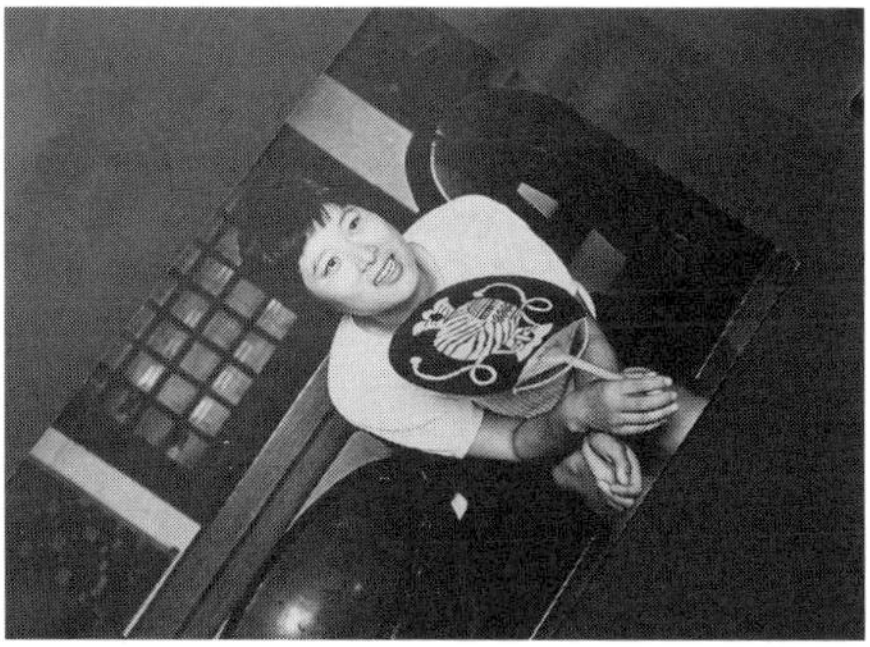

毎週のデートは
決まって
東京の駒場にある
日本民藝館。
お互いに撮影した写真が
今も大切にアルバムに。

白いキキョウは
母の思い出の花。
庭にたくさん
育てていましたが、
それは薬草として
煎じるため。

# 32歳　東京に『ログ・キャビン』のショップをオープン

「シンプルで楽しい
山の暮らしを再現するお店。
山で摘んだ野の花を
いけていいたら、
いつの間にか花の店に」

外国の映画に出てくるような庭で花を育てたい。少女の頃からの夢が実現したのは30歳のとき。山小屋の暮らし（P34〜39）は、私たちにとって新しい人生の始まりでした。その庭で育てた花も愛おしいけれど、自然の力強さ、空の青さ、風の匂い、なにより野山に咲く花の美しさに魅せられました。

やがて、シンプルで楽しい山の暮らしを伝える『ログ・キャビン』のショップ誕生。店内の内装はもちろんテーブルやベンチも省ちゃんの力作。私はセーターを編んだり、アウトドアの雑貨を探したり。山小屋の周りで摘んだ花、庭で育てた花をいけてたら、「この花をちょうだい」という声が増えて、いつの間にか『ログ・キャビン』は花の店になったのです。

ツタにおおわれた
景色が目印のお店。
緑の壁の周囲まで、
山小屋の庭ですこやかに
育った花や
市場の花があふれて。

ただシンプルに
いけただけの
永順の花が好き。
そう言ってくれる方の
ために、花の教室まで
開くことに。

## 33歳〜　自分でいけた花を自分で撮る

### 「山小屋の庭できらきらと輝く青い実が、写真への思いを再びかき立てて」

80歳の今も、花の撮影方法は変わりません。いちばん光が美しい場所で、テラスの緑を背景に。

桑沢の3年目、20歳の私はカメラもないのに写真科に進級。父にカメラ一式を買ってもらって数年間、毎日街で人物を撮り続けました。発表する気もなく、あの頃はすべてがモノクロの写真。その後、写真家としての道は厚い壁に阻まれ、省ちゃんの仕事を手伝ったりするうちに、写真からは離れてしまったの。

数年後、山小屋の庭に寝転んでいて、ふと目に入ったのはサワグルミのきらきら輝く青い実。その瞬間、思わず写真を撮りたくなったのです。それまでも山小屋に咲く野の花を摘んではいましたが、改まって器にいけて、ましてや撮影するなんて思いもしなかった。

私は自分でいけた花を自分で撮るようになってようやく、写真家の自覚が芽生えたのかもしれません。

前に住んでいた用賀のマンションでの撮影風景。ずっと同じカメラを愛用。バティックを腰に巻いて。

省ちゃんお手製の花日記には今日出会った花のどこが素敵で、何を撮影したか克明に。

# 37歳～　最初の花の本は手作り。その後36冊も出版することができて…

## 「この頃から、いろんな花の仕事が増えました。ただ『いけたい』という思いがつのっていた頃」

いつか自分で撮影した花の本を作りたいというのは、もうひとつの私の夢でした。既に雑誌の仕事もしていましたが、思い切って100部を自費出版。タイトルは『in the Field』。夜中に手伝ってくれる友人たちの背中を見て、涙がこみ上げてきたことが忘れられません…。その後、多くの出版社から声をかけていただき、私は幸せなことに36冊もの花の本を作ることができたのです。

　テレビやショーのお仕事が増えたのも、この頃。前日までの準備はスタッフ総出ですが、大きな会場でも私はひとりで花をいけます。いけ終えると倒れ込むほどだけれど、ただ「いけたい」という思いがつのっていた頃。不思議な力を花からもらっていたのね。

プリントした写真1枚1枚を貼り付けて挟んだシンプルな手作り。意外なほど反響があり、すぐに完売に。

右／1991年創刊の『花時間』永順特集の懐かしいページ。
上／季節の扉を開く毎月の巻頭連載など、たくさん担当しました。

右／初めての書籍は43歳のとき。『永順花ものがたり』文化出版局刊（現在は絶版）。
左／『永順』は35周年の記念に自費出版しました。

# 43歳～　父と母の国、憧れの韓国を何度も訪ねて

## 「タイムスリップしたような素敵な田舎や、料理が上手だった母の味を思い出させる豊かな旅」

本場の韓国は
唐辛子だけで
こんなに
たくさんの種類が
あることに驚いて。

いつか機会があれば父母の国へ行きたいと夢見ていました。きっかけは1枚の大皿。全面に優しい色の象嵌がある皿は、韓国の金海窯で焼かれたものでした。

１９８７年の冬、ソウルオリンピックの前年。窯元の金さんに誘われて釜山から少し奥に入った馬山を訪ねました。そこはとても素敵な田舎で、オンドル（床暖房）の部屋に泊まった翌朝、戸外に出ると凍てつく寒さ。空が高く澄み、母が話していたとおりの、美しい冬景色が広がっていました。春にはレンギョウの黄色に染まり、秋にはコスモスが一面に咲く国。韓国の田舎がこんなにのどかで美しいとは！

それから幾度も私たちは各地を訪ね歩き。食堂や市場で本場の味に驚きながら旅したのでした。

昔の農家を
再現した民俗村は、
古びたかごや
農具、惹かれる
ものばかり。

キムチを保存する
かめを、冬越え
させるための
藁の囲い。
素朴でおしゃれ。

小さなお堂の
日当たりのいい
縁側にも、
干してある唐辛子。
昔も今も変わらず。

～永順・花のひとり言

「ある方の言葉を聞いて、私は自分のいけた花を私自身で撮影することにしました。いちばん花が美しい瞬間に、ただのレンズになって」

あるカメラマンに私がいけた花を撮影してもらっていたとき。突然、「永順、もう自分で撮ったほうがいいよ。他の人が撮影すると何かが混じるよ」と彼が言いました。それまで私は誰が撮影するか、を深く考えたことがなかった…。たしかに撮影する人で写真は変わってきます。その言葉をもらってから、私は自分で撮影することにしました。撮る人の思いが正直に現れる、それが写真というものだから。

「花の撮影のとき、
永順は傷のない完璧な花を
選びます。それは数百本の中で
わずか数本ということもありますが。
でも、他の花も無駄にはしません」

今も季節の花をいけ、撮影して毎年のカレンダーを発表しています。そのときは、顕微鏡のようなシビアな目で花を選ぶの。たくさんの花を用意しても、傷のない花はわずか数本、ということも。でも、その花の写真を見る人のために完璧な花を選びたい。残りの花も、もちろん無駄にはしません。折れてしまった花もいけて、最後の最後まで愛おしむことが、永順にとってはいちばん大切なのです。

〜忙しくても、花に会いたくて旅をする

# 見渡す限りの野原で。幸せ色の花を束ねて帽子の上に

リネンの原料になる
亜麻の水色の花を見に
ベルギーへ。時季が遅く
花は枯れていたけれど、
刈りとる前の金色に輝く
景色に埋もれて。

どんなに忙しくても野の花に会いたくて旅に出かけました。珍しい花でなくていいの。それぞれの国の人々に愛されている、野の花たち。旅の写真を見れば、あのときの陽の光も、そよそよと吹く風も草の匂いも、心の奥から鮮やかによみがえります。

小麦畑の間に
咲くヒナゲシに
出会ったのはベルギー。
その赤い花の中で、
名前も知らないキク科の
黄色い花を帽子の上に。

～忙しくても、花に会いたくて旅をする

# 木漏れ日差す森で。<br>心を優しくさせてくれる<br>白い野の花たち

私は白い花が好き。海外の旅でも、山小屋の周りでも、これまでに撮影してきた野の花の中では、白い花がいちばん多いかもしれません。白く可憐な野の花は、いつも私の心を優しくさせたり、切なくさせたり、するのです。

初夏のいきいきとした
緑の草むらに
かごを置いて。
白いクルマバソウと
水色のワスレナグサを。

～忙しくても、花に会いたくて旅をする

# 足を濡らしながら水辺で。
# 青い海を背景に
# 草原に咲いていた花を

海の青さも空の青さも、
日本で見慣れた青さとは
まったく違った
シチリア。
どこまでも澄んで。

シチリアを舞台にした映画をたて続けに観て、期待に胸をふくらませて訪ねたのでした。まだアフリカからの熱い風が渡ってこない5月。草原に咲いていた草花はあまりにも美しくて、素朴なかごに入れて海の青さを背景に撮影しました。

草原に
咲いていたのは
名も知らぬ花。
偶然出会った
心にしみる景色の中へ。

コラム

# ～山小屋との思い出

遠出が難しくなり、２０２３年に山小屋を手放しました。覚悟はしていたけれど、とても寂しくて。

少女の頃からの夢がかなって、デルフィニウムやスイセン、コスモス、ワスレナグサなど、大好きな花を次々に庭に植えていった私。ここから花との濃密な時間が始まりました。なにより、私の心をふるわせたのは、手つかずの原野に咲いていた野の花。ノリウツギ、ニリンソウ、クルマバソウ、サワグルミ、ヤブデマリ、名も知らぬ花もたくさんありました。再びは会えないかもしれない花たちの、澄んだ美しさ、いきいきと潤ってしなやかに風に揺れる、その命の輝き。

この自然から私はいろいろなものを与えられました。山小屋の庭で花を育てて、野に咲く花を摘んで、いけて。

「山小屋と
さよならしても。
永順の心に
揺れ続けるのは
あの野原に咲く花たち」

そして、その花を撮影することができたのは、この山小屋があったから。当時は、すべてをひとりでということはなかなか珍しかったのです。

私の新しい人生が始まった、特別な場所。数えきれないほどの幸せな時間を過ごした場所。もう二度と訪れることはないけれど、山小屋で出会った野原に咲く花は、今も私の心に生き続けて、そよそよと揺れています。

雪に埋もれて
寒さ厳しい
山小屋でも、
ストーブを囲んでの
楽しい時間を
過ごして。

山小屋の近くには、
つい数年前まで
この茅葺屋根のように
のどかな景色が
広がっていたの。

いいご縁があって、
お譲りしました。
「どうぞ訪ねてきて」と
言われたけれど、
覚悟して別れた
のだから、無理。

# 二章

Part 2 My Peaceful Day

## 日の光あふれて。穏やかな日々

今日も明日もこの家で、省ちゃんと愛犬ステアと一緒に。

# 楽しく、元気に…。私の歩幅で暮らす

あの国の草原に行きたい。あの庭の花を摘んでいけたい…。そんな思いを夢と呼ぶのならば、これまでの人生の中でたくさん実現できました。長く生きていればいろいろなことがあります。体を壊したことも、眠る時間がないほど働いていた時代もあったけれど、今、私は大好きなこの家で、省ちゃんとステラと静かに暮らせていることに満足しています。遠くに行かなくてもいいの。できるだけ元気に、毎日花をいけて、ずっと写真を撮り続けることが望みです。

# 暮らしの中にある花は
# 小さくさりげなく。
# わが家の
# いたるところに
# 指定席があります

寝るためだけに帰るだけだった狭いマンションから、この家に越してきたのは2004年の春です。ほどよく広く、ほどよく狭いこの家は、省ちゃんが引いた図面を形にしたもの。好きな木をたくさん使っていて、訪ねてくれる人が〝気持ちいいね〟と言ってくれます。

そんな家でいけるのは、テラスや散歩道で摘んだ花。玄関、ダイニング、キッチン、リビングにも指定席があって歩くたびに目に入ります。いつもそばにあるから、飾るというより一緒に暮らしている感覚ね。

サンルームの窓辺。
ここは、
花を撮影するときの
スタジオにもなるところ。
花はテラスの
アマランダ。

→
玄関に入って
正面にある
チェストの上。
花はアナベル。

←
夏は
花を水に浮かべた
涼しい演出も。
花はデルフィニウム。

→
キッチンの窓辺は
光を受ける花が
きれいに見える場所。
花はアナベルなど。

←
トイレの
洗面台も指定席。
花は摘みたての
プルンバーゴ
（ルリマツリ）。

# 窓いっぱいの手作りサンルームは、いちばん安らげる場所

ここは、越してきてから数年後にできた南向きのサンルーム。2015年に骨折をして入院した私が、家に帰ってから素敵に暮らせるようにと省ちゃんが作ってくれました。右側の壁以外は窓で、日差しがあふれて冬も暖かいの。光を受けて花もいきいき見えるから、撮影するときはスタジオにしています。カーテンと天蓋のように渡した布は、私のアイデアよ。

リクライニング
チェアで
過ごすのが
至福の時間。
窓の向こうは
緑のテラス。

# 食べることは
# すこやかに生きること。
# キッチンはアイデアに満ちて

　1日3回、決まった時間に必ず自分で作ったごはんをいただくのは、私の大事な暮らしの約束。食事には手を抜きたくないから、少しでも使いやすいキッチンにと、自分なりの小さな工夫をしています。たとえば、木の板をコンロの周りに…。それだけで、炒め物や揚げ物をしたときの油跳ねを避けられます。わが家の揚げ物担当は、省ちゃんですけどね。

コンロ台に木の板
板はコンロの間と向こう側の壁に。汚れたら、板を外して洗います。

窓辺には花
東向きの窓は
家の中で
いちばん光が
きれいなところ。
いつも小さな花を
飾っています。
まな板を斜めに
まな板の片側の下に
小さな角材を。
食材の水分が
シンクに流れる
仕組み。

# リビングには花の絵とステラの写真、手作りリース…。愛おしいものをたくさん並べたい

壁に掛けてある大きな絵はアクリル絵の具で私が描きました。ある日の山小屋（P34〜39）の夏の風景で、青空の下に群れ咲く大好きな花を集めたの。うす紫色のデルフィニウム、黄色いルドベキア、他にもたくさんね…。ドアに掛けた天使のリース（P28）も家にある布とヒオウギの実で作ったもの。こんなふうに、いつもリビングに優しい季節の色をちりばめて楽しんでいます。そうそう、ステラのものもあって。ソファの背に並んでいるのは、遊び相手のぬいぐるみです。

→ステラの写真をコラージュ。これは省ちゃん作。

蓋を開けた色鉛筆。いつでも描けるように部屋に置いてあります。

← 手作り冊子の表紙。花を描いたのも省ちゃんです。

# それぞれの窓に
# それぞれのカーテン。
# 光を柔らかく受け止める布に
# 囲まれる幸せ

わが家のカーテンは私の手作りです。大好きな白い布をさらっと掛けたシンプルなものだけれど、窓ごとに違うのがいいの。それに、売られている既製品には自分で洗えないものもあるでしょう？ 2階の窓の分まで入れるとたくさんの数になるけれど、わが家では年に2回、すべてのカーテンを模様替え。大変ねって笑いながら、掛け替えては洗っています。

→カーテンの向こうに、ステラは何を見つけたのかな？

←布をそのまま掛けているから、刺繍の模様がまるで絵のよう。

→クロスステッチで描かれたパンジー。花教室の生徒さんが刺した1枚。

花を飾った
リビングの
サイドテーブルにも
布を掛けて。

# 庭はないけれど、テラスがミニファーム。毎朝、収穫してサラダに

わが家のテラスには植木鉢がいっぱい。大好きなバラや花をいけるときに使う草花、ハーブもあって、植物がすくすく成長する季節は通り抜けるのが大変なほどです。ハーブはもちろん、食べられるものは摘んで食卓へ。採れたてだから、香りも強くておいしいの。今日は、和製ハーブといわれるしそを収穫して、お昼ごはんのそうめんに添えました（P94）。

←熟れたゴーヤを葉がついたままお皿に。

←数十年愛用しているジョーロ。水やりは省ちゃん。

→ほろ苦くておいしいルッコラ。

←サニーレタスは摘み草のように使います。

→ワイルドストロベリーは葉の形も愛らしい。

←フェンネルはこれからぐんぐん成長するはず。

パーゴラや棚は省ちゃんの手作り。

テラスの片隅には省ちゃんの手作りベンチが。

花芯が飛び出す、個性あふれるハイビスカス。

冬に咲く台湾ツバキのベトナメンシス。

夜の闇を背景に美しく咲く月下美人。

梅雨の季節に涼しさを運ぶアガパンサス。

明るい葉色のティーツリーはいけても素敵。

わが家自慢のツバキ・極光。

# 花図鑑を ほんの少しだけ 紹介しましょう

テラスで育てている花のつぼみがほころぶと、今年もまた会えたね…としみじみうれしくなります。たとえば、月下美人の花は四季を通して咲くけれど、開き始めるのは夜8時頃から。小さな花芽を見つけると目が離せなくて、今夜かな、明日かな？と暗い中、様子を何度も確かめに行くの。昨年（2023年）は、中秋の名月の夜に15輪もの花を見ることができました。

この家と
家の半径1kmほどの
花の散歩道を、
いつか
心のふるさとと
呼べたら…

わが家の1階の見取り図

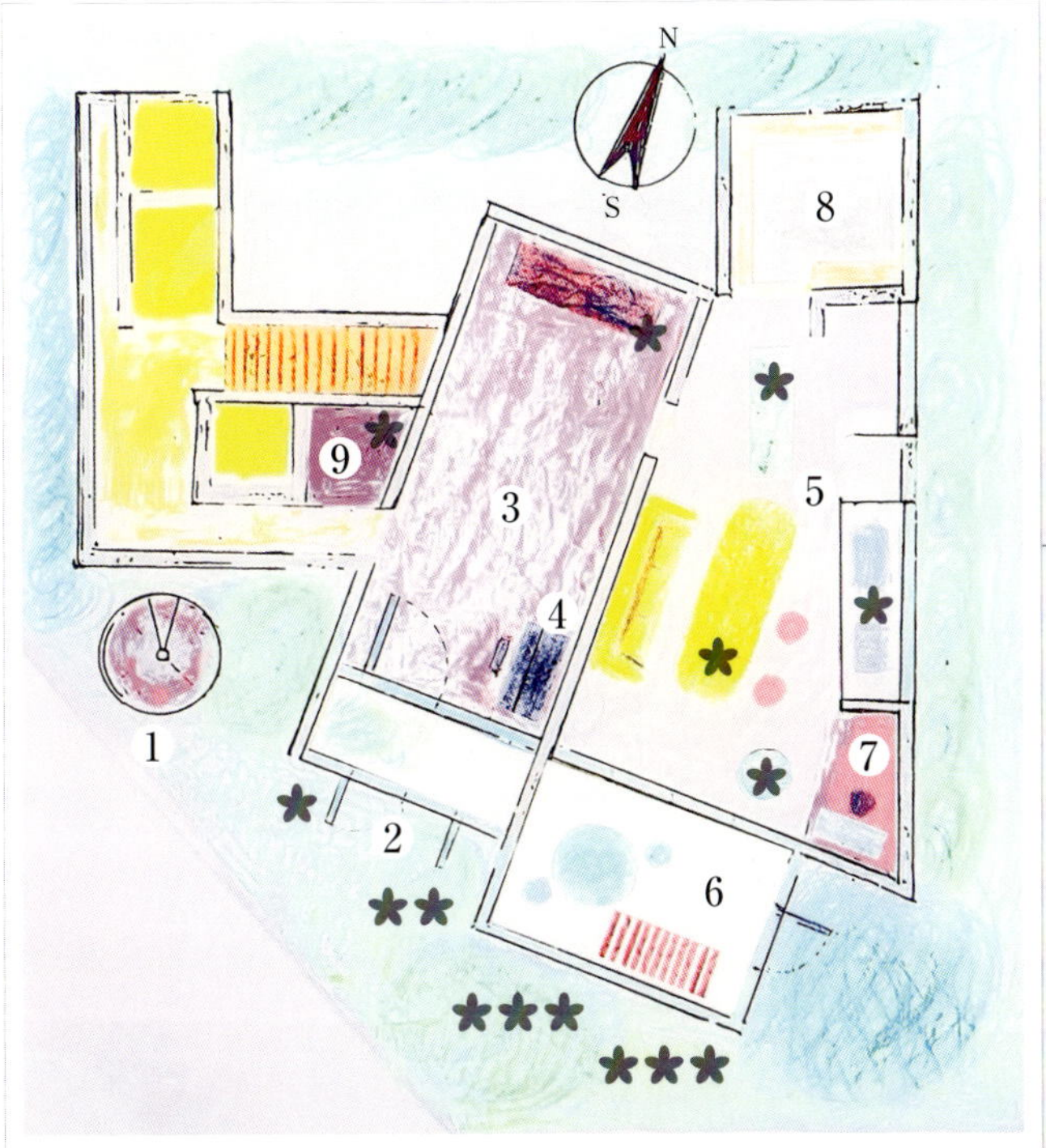


★＝花の指定席
①らせん階段
②エントランス＆テラス
③ワーキングルーム
④ピアノ
⑤キッチン&リビング
⑥サンルーム
⑦ミシンコーナー
⑧花器収納庫
⑨W.C

省ちゃんが、わが家の1階の見取り図を描いてくれました。エントランスから中に入ると、ワーキングルームの奥に花、キッチンの入り口にも花…。人の動線に沿って花をいけているんだなあと、あらためて気づきます。ステラのためにも毎日散歩をするけれど、近所の方とはのきなみワンちゃんつながりのお友だち。私の幸せはごく近くにたくさんあるのです。

「〃今〃がいちばんだから、
漠然とした遠い夢を語ることはしません。
今日は何をしよう？　って真剣に考えて
夢中でそれをするだけ。
80歳の今も、毎日〃夢中〃です」

私の本にサインがほしいと言っていただいたとき、名前と一緒に〃今がいちばん素敵〃という言葉を添えます。楽をして生きたいとか、前に進まなくてもいいということではなくて、いつでも目の前のことに夢中になっていたいという思いです。私にとって大切なのは、過去でも未来でもなくて、今。お天気がいいから、テラスの花をいけましょうと思ったら、朝から、花だけに集中する…。そんな日々を送りたいのです。

# 贅沢よりすこやか3食

1日3回の食事を大切にしています。
贅沢をしているわけではないし、
美食というのとも違います。
たとえばキムチ、野菜の醤油漬け、
フルーツコンポート…。
規則正しく旬のものを
永順流に調理して、
心と体を元気にするのです。

→旬の花や野菜、果物で飾った食べたもの日記の表紙

# 毎日つける
# 食べたもの日記。
# 食材や調味料を
# さっとメモして…

今日食べたものを書きとめる日記をつけています。日記帳は手作りで、省ちゃんが撮った料理の写真をプリントした紙を綴じたもの。12カ月分あって、表紙は3月はサクラ、8月はすいか…と季節の切り絵（写真上）です。走り書きだから、文章は私しか読めないだろうけれど、書くことでバランスのよい食事に自然に気を配るようになればいいの。次は調味料の分量を変えようと思ったり、遠くから届いた季節の恵みを書きとめたりして楽しんでいます。

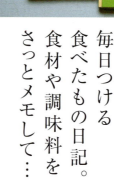

写真がついていると、
次回、盛り付けも
工夫したくなります。

日本の白菜は水分が多いので、漬ける前に1～2日干すとよいです。韓国の白菜は、土壌が違うからか、日に干さなくてもできます。

# キムチは母譲りの味。手でもみ込めばもみ込むほどおいしくなります

キムチ作りは新鮮な白菜、大根、りんごが味の決め手。古漬けになっても、いろいろな料理に使って最後まで楽しめます。

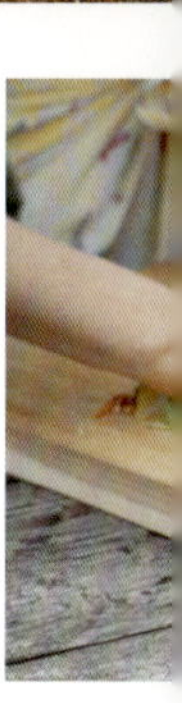

私の母の料理は、手から旨味が出ていると近所で評判でした。その味を受け継ぐのが永順キムチ。15種類の材料から出る自然の旨味が凝縮された自信作です。化学調味料を使わず、唐辛子は韓国産の最上質のものにこだわって。おいしくなあれと、素手でもみ込むと、辛さに上品な甘みが加わってごはんが進みます。

本場の韓国は冬に仕込んで1年じゅう食べる保存食だけれど、私のキムチはサラダ感覚。3日目がいちばんおいしいかな。↓作り方はP146

# 梅雨の頃には
# 恒例の梅仕事。
# ブランデーに漬けた
# 梅干しは、
# とろり香り高く…

3日間干した梅をひと粒頬張ると、太陽の温もりが口に広がります。

梅干し作りも若い頃から続けていること。和歌山の農家さんから取り寄せている新鮮な南高梅が届いたら、それを合図に始めます。

わが家の梅干しの特徴は、焼酎ではなく、ブランデーで漬けること。安いブランデーで大丈夫。格別な香りがして、とろりとして、でき上がりが違います。土用干しのときは、つぶさないように優しく裏返すのがポイント。ねっとりとして、口に含めばまるでデザートのような味わいです。→作り方はP147

# 保存食というより、サラダ感覚の常備菜。酢や醤油に漬け込むだけででき上がり

↑
らっきょう
初夏に出回る
旬のらっきょうを
酢と塩、砂糖に
漬けるだけ。
↓作り方はP151

↑
玉ねぎ
漬け液は
酢と醤油を少し。
↓作り方はP148

↓
にんにく
漬け方は
玉ねぎと同じです。
↓作り方はP148

# 3時になったら
# 省ちゃんの点てた
# 抹茶でティータイム。
# 夏は好評の
# 手作り水ようかんと一緒に

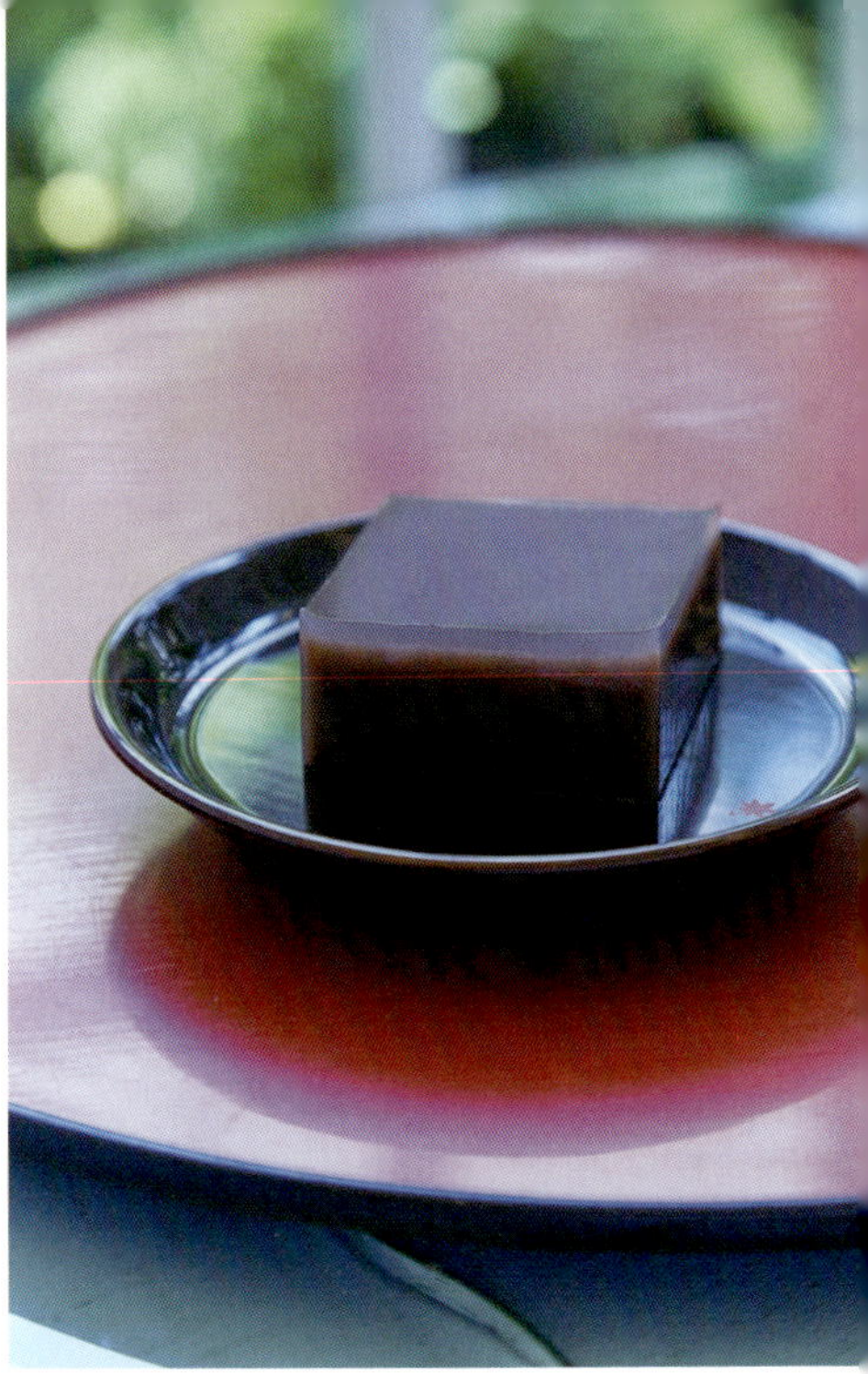

あんこを一から
作るのは大変だから、
市販のものを利用。
朝作って冷やせば、
3時にはひんやり。

昼食と夕食の間、日差しが傾き始める頃、省ちゃんの点てた抹茶でティータイムをします。若い頃から変わらない習慣で、私の手作りお菓子やいただきもののお菓子を添えて。何十年も続けているから、今や省ちゃんは、お点前の達人だと密かに思っています。

人気の手作りお菓子は、市販のあんこを使う夏の簡単水ようかん。優しい甘さが口の中にふわりと広がって、お抹茶にとても合うの。おしゃべりが弾む、こんな時間も大切ですね。↓作り方はP149

茶碗は省ちゃん作。
長年使っているのは
無農薬の抹茶。
塗りのお盆に
のせれば、
サンルームがお茶室に。

# 季節の果物は
# コンポートにサラダに！
# コンポートは冷凍して
# 1年じゅういただきます

レモンの
はちみつ漬け
テラスで実るレモンもはちみつ漬けに。
↓作り方P150

年々暑さが厳しくなる夏、わが家では、みずみずしい季節の果物で体を潤わせています。ふたり暮らしなのに、今年の夏は、いったいすいかをいくつ買ったことでしょう。のどごしすっきりのすいかジュースを作っては、涼を呼びました。

レモンのはちみつ漬けも毎年のもの。ジュースにしたり、千切りにした皮をサラダに入れたりします。コンポートは柑橘類やりんごでも作って冷凍するから、冷凍庫はいつも果物でいっぱいよ。

フルーツ
コンポート
↓作り方
P149

りんご、もも、きんかん、いちじく……。旬の果物を白ワインと砂糖で煮るだけ。いちじくが特にお気に入り。

## すいかジュース

そのままいただく
すいかにひと工夫。
調理道具を使わない
簡単ジュースが
わが家の定番です。
熟れたすいかの
果肉を手で優しく
絞るだけ。

# 夏の朝ごはんは
# 栄養たっぷりのワンプレート。
# 昼はそうめん&常備菜。
# 冬は、毎朝お粥で温かく

↑土のついた無農薬の新鮮ならっきょうを選んでいます。皮をむいてしっかり洗うと、気持ちいい白さ。

そうめんの薬味に欠かせない香り高いしそは、テラスで育てたもの。新鮮なきゅうりはざくざく切って塩漬けに。↓

季節ごとに朝ごはんと昼ごはんのメニューを決めています。この夏の朝は、いりこ、野菜、海藻、卵、フルーツなどをごはんと一緒に盛り合わせてワンプレートに。栄養が偏らず、毎日献立を考えなくてすむから楽なんです。冬は、体を温めたいから、同じものをあつあつのお粥にのせていただきます。

夏のお昼は、やっぱりそうめんね。おいしくするコツは茹で時間を守ること！ ごま、きゅうり、ねぎ、しそ、らっきょう、わかめなどの具材を添えて。

↑

ワンプレート朝ごはん

いりこ、フルーツは、家にあるものをのせるだけ。茹で卵を作れば、あっという間にでき上がります。

↓作り方P150

夏のそうめんランチ

らっきょうの酢漬けは常備菜。そうめんのつゆも数日分をまとめて作るので手間なし。

↓作り方P151

↓

## スコーンや肉料理は使い慣れたオーブンで。焼きたてに勝るおいしさはないのです！

難しそうだからと、オーブン料理にしり込みしている人が多いみたいだけれど、わが家ではお肉や魚料理にも、スコーンを焼くときにも大活躍。火加減や温度調整はボタンを押すだけでできるし、失敗も少なくて、あと片付けもさっと拭くだけなんですよ。

あんこ入りスコーン
あんこ入りのお菓子が好きな省ちゃんのためにトライした一品。写真は、アーモンドとカシューナッツをトッピングしてあります。
↓作り方P152

〜永順・暮らしのひとり言

「毎日使うものだから、
調味料は真剣に選びます。
これまでにめぐり合えたのは、
醤油、酢、酒、それから砂糖…。
信じたものだけを使って
私の味にしたいの」

この本で紹介しているらっきょうの酢漬けなら酢、黒豆なら砂糖、そうめんのつゆなら醤油…。私が使う調味料はいつも同じものです。お気に入りの酢は、もうすぐ製造中止になってしまうと聞いたから、数年分を取り寄せたほど。オリーブオイルやごま油もお取り寄せです。世の中の流行りは気にならないわ。心からおいしいと思えるものを使ってこそ、永順の〝すこやか3食〟になるのだから。

「白い服を着るのは
花のそばに色や香りを置きたくないから。
同じ理由で、メイクもしません。
花がきれいに見えることが
いちばん大切なんです」

若い頃は、贅沢できるような状況ではありませんでしたから、兄の白いジャンパーを借りて学校に通っていました。私が白い服を着るようになった理由は、ファッションに目覚めたからではなく、主義があってのことでもないの。でも、花の仕事をするようになり、自然に花のそばに色はいらないと思うようになりました。それからは、ずっと白。今も家では、たいてい白い服とスニーカーで過ごします。

# 手作りの温もりに触れながら

自然素材の優しい布が好きです。
かごや土が香るような焼き物も。
人の手から生まれたものには
特別な温かさがあって、
そばにあるとほっとするのです。
私も、家にある麻やバティックを縫っては、
服や部屋の小物を手作り。
その風合いに包まれて暮らしています。

～手仕事の匂いがするもの

# 白いレースとワイングラス。光に透けてゆくものを手の届く場所に

白いレースとワイングラスは、わが家にいくつあるでしょう。光に透けたときの美しさに惹かれるのは、花びらの少ないバラへの思いと同じかもしれません。

レースは好きなあまり、伝統のレース刺繍で知られるポルトガル領の島・マデイラ島へ旅したことも。工房では朝、仕事の前にお祈りをするそうで、神聖な心が込められていることに感激しました。ワイングラスも、眺めていると心の奥まで透けるよう。どれも大切だからこそ、しまい込まずに毎日使っています。

棚はもともと
医療棚だったもの。
50年以上前から
使っています。

→
白いクロスは
まぶしい白さが命。
使っては洗って
アイロンをかけて。

←
ワイングラスは
花器にも使います。
もちろんワインを
いただくときも。

ざっくりした
買い物かごに
赤い野バラを。
アラスカの
野原にて。

やんちゃな
枝ぶりの
草花を
こぼれんばかりに。

左は山形県、
右上は
南アフリカの旅、
右下はベルギーから
持ち帰りました。

～手仕事の匂いがするもの

# かごはやっぱり、素朴な手編み。花を優しく包み込んでくれるから好き

たくさんの国を旅して野の花に出会い、写真に残してきました。そんなときによく使っていたのが、訪れた町で見つけたかごです。野に咲く花には飾り気のないかごがなにより似合うから、できるだけ素朴なものを選んで、花を挿して、シャッターを切るのです。幾度もくり返していたら、いつの間にか部屋には旅先から持ち帰ったかごがたくさんになり、今も暮らしの中で使っています。時を経て飴色に変わっても素敵だし、今日はどのかごにしよう？　と迷うのも楽しいわ。

家にある
かごのシーンを集めて
省ちゃんが作った
思い出アルバム。

バラと帽子は
とても相性がいい。
ローズ
ガーデンにて。

# 若い頃から被っている麦わら帽子。惹かれるのは、花と合わせても素敵だから

～手仕事の匂いがするもの

私が旅をした町で探すものがかごの他にもうひとつあって、それは帽子。麦わらやラフィアで編まれたものを見つけては、買い求めてきました。被るのも好きだけれど、それだけではなくて、帽子を器にして花をいけた写真もたくさんあります。

上の写真はアトリエの前、1980年頃の私です。帽子はアフリカ南東のマダガスカル島産のラフィアで編まれたヘレンカミンスキーのもの。買ってから月日は流れたけれど、今もよそゆき用にとってあります。

アイスバーグという名前のバラの下で。白い服ととっておきの帽子とともに。

上の帽子はベルギー、左はイギリスで購入。野の花や布花で飾って。

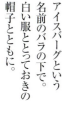

〜部屋に服を着せるように

# ポジャギは韓国の手仕事の美しさの結晶。窓辺に絵のように掛けて…

ポジャギとは、小さな布を縫い合わせた韓国伝統の布。大きいものでは布団を包み、小さいものはお膳に掛けたりして、暮らしの中で使います。私がこの布を初めて知ったのは日本でしたが、美しさに一瞬で引き込まれてしまって…。この目で本物を見てみたいと、ソウルにある韓国刺繍博物館を訪れたんですよ。家にある端切れを組み合わせて自分で作るようになったのは、それから。今も端切れをつなげては、光あふれる窓辺に絵のように飾っています。

布は着物の裏地。光を浴びて絹の光沢が映えます。

隣り合う色の組み合わせを考えるのも楽しみのうち。

韓国製の麻で作った1枚。物を包むときは四隅につけたリボンを結びます。

異国情緒あふれる
伝統のバティックが
ふたりの刺繍で
生まれ変わりました。

# ふたりで刺繍したタペストリー。手を動かした時間も大切な思い出

~部屋に服を着せるように

天秤棒をかつぐ人の絵柄の線に沿い、いろいろなステッチをしています。

私が何かを作り始めるのは、目の前にある布を見てピン！　ときたとき。このタペストリーもそうでした。いい具合に色褪せた、大好きなバティック（インドネシアに伝わるろうけつ染め）の布を持っていたことと、箱いっぱいの刺繍糸をいただいた偶然が重なって、布の絵柄に沿って、色とりどりの糸を刺したいと思ったのです。省ちゃんもこの思いつきを気に入ってくれて、ふたりで夢中になってちくちく刺繍…。じつは、省ちゃんは私より上手なんですよ。

赤、青、黄色…。何色もの糸をのせて、花をふわりと立体的に。

〜部屋に服を着せるように

# 窓ごとに違うカーテンを。布の上にループをつけているだけ

わが家のカーテンはとても自由です。ある窓のカーテンは旅先で買い求めたテーブルクロス、ある窓には友人からいただいた布…。コットンも麻もあるし、無地だったり刺繍がしてあったりします。どれも縁あってこの家にやってきた思い出の布。それぞれのストーリーを並べるように、光に透ける白で揃えているんですよ。作り方はとても簡単で、ポールに通すためのループをつけるだけ。数えたことはないけれど、収納庫にしまったものを含めて何枚になるかしら。

サンルームからテラスに続く扉。ここにもたっぷりと白いカーテンを。

ここはエントランス。
白いカーテンで
お客様を迎えます。

カーテンは
どれも1枚布。
掛けるときは
上端のループに
ポールを通します。

112 レースのコラージュ
ブラウスの身頃、
えり、ポケット…。
たくさんのレースを
白い土台の布に
縫い留めて。

〜部屋に服を着せるように

# 巡り合った布は
# すべてが愛おしいから、
# 古くなったら
# 形を変えて…

レースのハンカチもブラウスも、シーツでさえも、好きな布は大切にとっておきます。しまっておくのはもったいないから、使って、洗って、擦り切れたらその部分をカットして、きれいなところを使って再利用するんです。右の写真のカーテンは、古くなったブラウスのえりや身頃を集めて作りました。光に透けてその形がわかるでしょう？

ひざ掛けのカーテン

黄色いひざ掛けの上端にループをつけて、冬用の暖かカーテンに。

カップ敷き

白いコットンを花の形に切っただけ。

〜使い続ける暮らしの道具

# 塗りの器もしまい込みません。大切にするって、使うことだと思うから

今では外食はほとんどしませんから、家での食事は朝昼晩、1日に3回。そのたびにテーブルに運ぶのが塗りの器です。深みのある朱色が料理の色にとてもよく合って、手触りも優しくて…。陶器のお茶碗やお皿とも相性がよくて、毎日使っています。

左の写真のお盆は、奈良・東大寺の改修時の柱から作られたものだそうです。二月堂の修二会（仏教寺院で行われる法会のひとつ）の際に、練行衆が食事をするときに用いた日の丸盆が由来といいますから、歴史を背負ったものですが、今の私の暮らしにとてもなじむの。漆がはがれたところを塗り直して大切にしています。

黒いお皿はおやつの時間にも活躍。P90では水ようかんをのせました。

~使い続ける暮らしの道具

# どんな花も優しく受け止めてくれる器。それは、省ちゃんが作る器

キッチンに隣接した収納庫には省ちゃんの器がいっぱい。

白い器は、すべて省ちゃんが手びねりで作ってくれた世界にひとつの器です。ぽったりとしたフォルムに温かみがあって、人の手で形作られたからこその遊びもあって、大好き。ゆったりとどんな花をも受け入れてくれるのに、だからといって、器そのものが主張し過ぎることもありません。私の花にこれ以上合う器はないと思っています。いちばん好きなのは下の段の左端。下はほっそり、上にいくほど緩やかに太くなっているから、挿した花がふわりと広がるの。

1輪のバラと
ミヤコワスレを
ふわりと
ティーカップに。

～使い続ける暮らしの道具

# 普段使いの食器や
# キッチンの道具も花器に。
# 暮らしの中にある花は
# こんなふうにさりげなく

庭で摘んだ花を
キッチン雑貨にさりげなく。

咲ききった
チューリップを
ピッチャーに。

花をいけていると、途中で脇枝がぽきっと折れてしまうことがあります。アジサイやデルフィニウムのように房状に咲く花は、その房から小花がはらはらとこぼれ落ちてしまうことも。私はそんなとき、小さな花たちをそっと拾い上げて、ティーカップやワイングラスにいけます。いつもの食器が違う表情を見せてくれるし、落ちてしまった花も、もう一度輝いてくれるんですよ。小鍋やボウル、ピッチャーなどを使うこともあります。だって素朴な野の花には、身近にある器のほうが居心地がよさそう。暮らしの中の花って、これくらい気軽でいいでしょう?

〜使い続ける暮らしの道具

# リクライニングチェアは心から安らげる場所。元気な日も体調がすぐれない日もひととき、ステラとここで

木製のリクライニングチェアは、2015年に骨折したときに、回復を願って省ちゃんが買ってくれました。クイーン・エリザベス号のデッキで使われていたものと同じデザインだそうで、東南アジアから船で日本に運ばれてくるまでひと月待ったんですよ。やっと手元に届いてからは、マットレスを買って、私が布を選んで、カバーを縫って…。そんなふうにして、サンルームの特等席ができ上がりました。ときには、背もたれを下げてお昼寝したり、3時に抹茶をいただいたり。なによりステラをひざに抱きながら心と体を休める午後のひとときが、私を元気にしてくれます。

特別な指定席だから、座るのは私とステラだけ。

~手作りの服

# 肌触りのいい布に包まれていたいから、普段着やエプロンは手作りで

肌になじむ自然素材の服を着ていたい。その思いは若い頃からずっと変わりません。形も動きやすくておしゃれなものをと思うから、いつからか、自分で縫うようになりました。自分のものだけでなく、省ちゃんのシャツやパジャマまでね。使う布は家にある麻やバティック、着物などで、作り方も自己流。誰に教わることもなく、ブラウスの裾は少し広げたいな、袖はフレンチスリーブにしよう…と思いのままに形にしていきます。子どもの頃から自分で生地を選び、デザインを考え、手作りした服を着ていた私。デザイナーになれたらという夢が、今、実現しているのかしらね。

フレンチスリーブのブラウス

バティックやマドラスチェック(下)のブラウス。簡単な型紙を自分で起こして同じ形を10枚以上作りました。

## お尻が隠れるエプロン

後ろ身頃の幅を
長くしたエプロンは
巻くとスカートのように
すっぽりお尻が隠れます。
生地は使い込んだ
優しい風合いの藍染め。

## 着物地のスカート

華やかな花柄の着物を
リメイクしたスカートは、
絹ならではの
光沢が美しい。
ウエストの横で結ぶ
リボンがアクセント。

# ステラのおしゃれコレクション

マフラーを
筒状に縫っただけ。
端のフリンジも利用。

セーターの
タートル部分を
そのままに。

ボタンと
リボンで
おしゃれに。

カシミア
素材を使って
とびきり暖かく。

名前を
ちくちく
刺繍して。

～手作りの服

# ステラのあったかい服は私たちが着ていた古いTシャツやセーターを利用して…

ステラの服も私が作ります。布は私たちふたりのお下がりで、春と秋用は着古したTシャツ、冬用はセーター。ステラはもう14歳になるから、風邪をひかないようにあったかくしてあげたくて。ごはんもおやつも体にいいものをあげています。

作り方はとても簡単で、1枚30分もあればできてしまいます。ぱっと思いつくままに縫って、もう10枚くらいはあるかしら。たとえば、右ページにある左上のオレンジ色の1枚は、タートルのセーターの首のところをそのまま使って、そこからステラが頭を出せるようにしました。前脚は短く切った袖から出せるから、もともとの形をそのまま利用しているだけ。リボンをつけたり、刺繍をしたりして可愛くするのは、永順の親心です。

コラム

# 〜ステラ。私のことどう思ってる？

14年前のクリスマス過ぎ。「トイ・プードルがほしいの！」とあわただしくショップにやってきた女性が、永順さん。生まれて2カ月半のわたしを見て、「なに、この子、ネズミみたい」と言ったの。でも年明けに迎えに来てくれた。

ステラはイタリア語で星のこと。ドッグフードや茹でたささ身、サツマイモが別々の器に入ったトレーが、永順さんのひざの上にあって、1日3回の食事。

永順さんは自分の赤いジャケットから、キャリーバッグを手作り。「これでステラの公園デビューね」「省ちゃん、ステラを車に乗せてご近所を走ってきて！」と、飼い方の本を参考に、いつも真剣。わたしの苦手な歯磨きやブラッシングもなだめながらやってくれる。

あるとき、永順さんの展覧会があって託児所に1週間も預けられたの。最後の2日間何も食べられなかったら永順さんはそれを気にして、それからふたりと離れることはないのです。ずっと一緒。

毎日、永順さんはピアノを練習するので、ピアノの下でそれが始まるのを待ちます。ステラは永順さんの弾く音色が大好き！　でも、音の調子が悪いなあと思ったら、その場を離れるの。

「永順さんは
ステラの食事にも
手を抜かないの。
片時も離れない
ずっと一緒の家族」

ステラより

毎日の散歩は
たっぷり1時間。
近くの野原は
すべて、ステラの
庭のよう。

14歳とは
思えないほど
あどけないのは、
ステラも規則正しく
暮らしてるからかな。

コラム

# ～歩いてきた道が宝物

わが家には、ふたりの思い出をテーマごとにまとめた手作りのアルバムがあります。世界の野の花を探して旅したときの思い出は、国ごとに。旅先で出会ったかご類や、山小屋での生活をまとめたものなどもあって、そのときどきを精いっぱい楽しんでいる写真を集めて、省ちゃんが作ってくれました。全部合わせたら20冊くらいはあるでしょうか。

これは省ちゃんの発案で、私は過ぎたことをふり返るのが好きではないから、〝いいね〟という思いを共有するだけ。アルバムどころか、自分が出した本さえ、あまり見ることがないの。ただ一度だけ、花の仕事を始めて35周年の年、それまでの総まとめとして記念本『永順』を制作したときには、峠を登り切ったような感覚になって、自分の歩いてきた道をしっかりとふり返りました。思い出に浸るためではなくて、心の中に過去をすべて封印して、新しい気持ちで、また歩き出すために。

そんなふうですから、思い出アルバムは普段は手に取ることもないまま、棚に並べてあります。でも、それでいいの。アルバムにしまった思い出もまた、きっと知らず知らず、今の私を支えてくれているはずだから。

「思い出は
手作りアルバムの
中にしまって、
また新しく歩き出します」

かごがテーマの1冊。
ページを繰るごとに
いろいろな国で
出会ったかごが。

紙選びから
写真の印刷、装丁まで
省ちゃんが
ひとりで仕上げます。

「テレビのない暮らしを始めて57年。
知りたいことがあったら
テレビやスマホに頼らず電話をかけます。
受話器から聴こえる言葉から、
たくさんの知識をいただくのです」

家にテレビがないのは、結婚したばかりの頃に買うお金がなかったから。ずっとそのまま暮らしていますが、物足りなくはないし、情報を得るためにスマートフォンに頼ろうとも思いません。私には電話があれば十分なんです。たとえば、好きなワインを注文するのも電話。何年も同じ方と話しているからでしょう、年ごとのワインの出来や産地のことまでわかるようになりました。そんな時間を大切にしています。

# 好きなことを毎日休まず、少しずつ…

〝今日、夢中になれることは何かしら？〟
私は毎日、真剣にそう考えます。
花をいけることや散歩、
ピアノの練習、ミシン踏み…。
すべて時間を決めて、好きなことだけを
少しずつ続けるのです。
大きな目標に向かっているのではなくて、
好きなことに夢中になっているその瞬間に、
〝今〟がいちばんだと思えるから。

〜私の時間割

# タイマーを活用して1日を快適に過ごします

わが家にはタイマーが4つあります。どこの家にもあるキッチンタイマーで、料理なら、そうめんを茹でるときやごはんを蒸らすとき…。休憩時間にもスイッチを入れて、ピピッという音を合図におしまいにします。大切な1日が通り過ぎてしまわないようにね。

## 月1回の花教室の前日は…

午前

3時　起床
3時30分　花市場に到着
迷うことなく素早い仕入れ
5時　帰宅して花の水揚げ、養生

愛用のタイマーはいつでも手の届くテーブルに。

## ふだんの毎日は…

午前

6時30分　起床。まず洗濯
テラスに花を見に行く
7時　撮影ができそうな日は
花の水揚げなど下準備
撮影がない日は
ステラと1時間ほど散歩
8時　朝食。いつも省ちゃんが準備
8時30分　お天気を見ながら
撮影の準備
10時　撮影スタート
11時30分　撮影終了。昼ごはんの準備
12時　昼ごはん
ふたりで準備し、ふたりで片づけ

午後

1時30分　縫い物、ミシン、アイロンがけ
3時　30分間ほど抹茶でティータイム
3時30分　ピアノの練習
5時　夕ごはんの準備、下ごしらえ
6時　ごはんのスイッチを入れる
6時30分　夕ごはん。省ちゃんが片づけ
7時30分　ピアノの練習、自転車こぎ
8時　お風呂、明日の洗濯の準備
9時30分　ヨガでストレッチ
10時　省ちゃんとふたりで体操
11時　就寝。おやすみなさい

# テラスに咲く花を見てから、ステラと一緒に近所を散歩

〜朝、起きたら

歩きながら眺める景色の中に幸せがたくさん詰まっています。

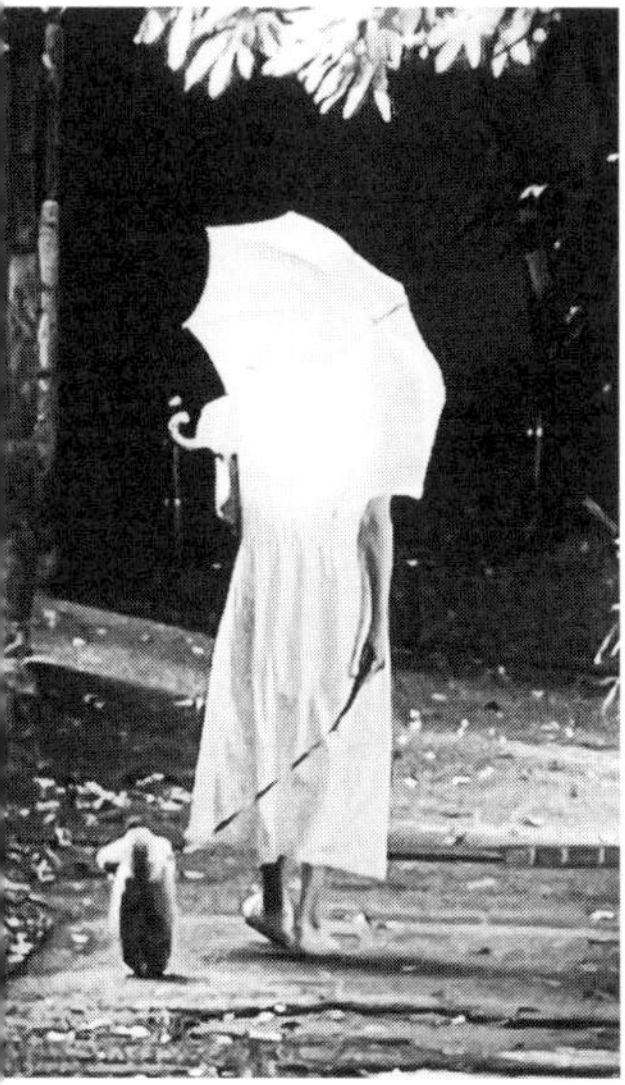

私は歩きやすいスニーカーをはいて。

ステラは桜の絨毯を喜んでいるよう。

育てている花たちが元気でいるかを確かめたくて、私は朝起きると最初にテラスに出ます。きれいな花があれば、いけるためにカットすることも。

その後はステラを連れて散歩に。静かな公園で、ベンチに落ちた花木の花びらをキャンバスに描かれた絵のように眺めたりするのです。道すがら近所の庭を眺めるのも楽しみ。たとえばミモザが咲く春はそれ見たさに散歩コースを変えて、枝をいただくことも。ときには花筒を持って訪問するのだから確信犯よね。花だけでなく、なぜかわが家はいただきものが多くて、〝お坊さんみたいだね〟って省ちゃんが言うくらい。

〜午後になったら

# 2日に1回、ミシンで縫い物。エプロンや省ちゃんのシャツを作ります

リビングに隣接するプライベート工房。落ち着く大好きな場所。

写真に写っているのは、わが家の手作り工房です。私のブラウスやスカート、エプロン（P118）も、ステラの服（P120）もここで作りました。明かりに照らされるミシンはプロ用で、結婚した当初、省ちゃんが営んでいたファッションメーカーの仕事場で使っていた年代物。今も大事に使っています。

若い頃は長い時間縫い物をしたものだけれど、今は1日1時間。前日に布を裁って、次の日に縫うというリズムです。でも、肌に触れるものは好きな布で、好きなデザインで…。その思いは変わらないから、きっと明日もここで1時間過ごすわ。

# アイロンがけは毎日。洗いたてのナプキンまでぱりっとさせて…

～午後になったら

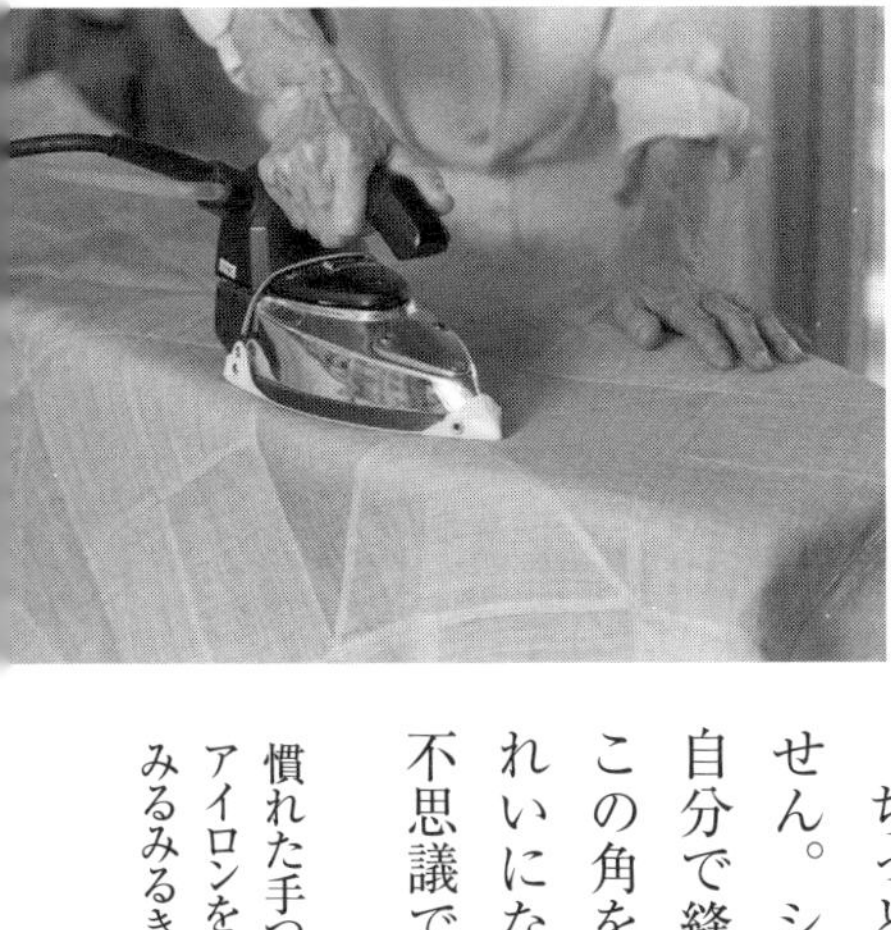

私、アイロンがけが好きです。若い頃、省ちゃんが営むファッションメーカーの仕事場で、縫子さんたちの隣でアイロンがけを一手に引き受けていたから、きっとそれが今につながっているのでしょう。愛用しているのは当時から使っている、クリーニング屋さんにあるような重たいプロ用。しっかり折り目を出したいパンツやテーブルクロス、お客様用のナプキンも、これでぱりっとさせると気持ちがいいの。

ちっとも苦ではありません。シャツのえりも、自分で縫ったものだと、この角をこうかければきれいになるとわかるから不思議です。

慣れた手つきで
アイロンをかければ、
みるみるきれいに。

～午後になったら

# 夕方近くにピアノの練習。七十の手習いで始めました

練習時間は毎回約20分。楽譜は省ちゃんが装丁しました。

ピアノを習い始めたのは今から10年前のこと。毎日少しずつだけれど、ずっと前から好きだったショパンのノクターンを弾けたらいいなあと練習しています。今は、シューマンのトロイメライもできるように…。何事も同じで、毎日続けるって大事なことだなと思います。

じつは、私が弾くピアノの音をステラも大好き。いつもピアノの前に座るのは夕方に近い時間なのに、日が暮れてからもピアノをおねだりしてきて、〝お願い、弾いて〟と言わんばかりに、ピアノの傍にちょこんと座って私が来るのを待っているんですよ。

# 自転車こぎは毎回10分程度。この時間をしっかり守ります

～夕食のあとに

私と省ちゃん、ふたりで愛用しているエアロバイク。

自転車こぎを始めたきっかけは、大腿骨を骨折したこと。歩くのもままならなくなってしまったときに、回復を願って、写真のエアロバイクを省ちゃんが買ってくれてからです。こぐ時間は10～12分だけ。元気に歩けるようになった理由はわからないけれど、自転車こぎや散歩などを少しずつでも毎日続けたことがよかったのでしょうか。たとえば、夏に山小屋でひと月過ごしたあとにピアノを弾くと、前にできていたところも間違えてしまいます。料理も、しばらくキッチンに立っていないと腕が落ちるでしょう？　それと同じですね。

〜永順・暮らしのひとり言

「時間ってあるようでないのよね。
だから、何もしないで
1日が通り過ぎてしまわないように、
そして、今日という日を楽しむために、
目の前のことに集中するの」

私は時間割（P128）を守って暮らしています。たとえば、夕食前の自転車こぎ。体力をつけたくて始めましたが、体調がすぐれないときでも休むことはないわ。近所の人に〝元気になられましたね〟と声をかけられるから、そうなのかしら？ とは感じるけれど、それだけ。毎日続けるのは遠い未来のためではなくて、今日という日を楽しむため。ただ習慣的に一生懸命ペダルを踏んでいるんですよ。

# 暮らしは季節のめぐりとともに

毎年の季節の行事には、
その季節の花をいけます。
お正月は松飾り、早春のひな祭りには桃の枝、
初夏の笹、師走にはもみの木…。
そして、朝の散歩のときには、
花木や草花たちに季節の変化を教わるのです。
毎年同じ花を見るけれど、
そのたびに印象が変わるから楽しいの。

# お正月の花とお飾りはさりげなく慎ましく。その代わり、心いっぱい思いを込めて

花をいけるのは私で、お飾りを作るのは省ちゃん。いつの間にか役割分担ができました。いきいきとした緑色の松や、艶やかな赤いサンキライの実が定番だけれど、あとはわが家流で、いけ方や形は自由。テラスのツバキがほころんでいれば手折り、春に先駆けてフリージアが甘い香りを振りまいていれば、それをいけることもあります。

年末の29日は二重苦とも言われるから、支度は28日か30日ね。静かに手を動かすその時間に、新しい年を迎える心が整うような気がします。

松の枝をたわめ、赤い実を添えた省ちゃん作のお飾り。

テラスで咲いたツバキを、光る緑の葉とともに。

# ふたりで迎えるお正月。お雑煮と、品数も量も控えめにしたおせちが定番です

幼い頃は毎年、実家でお餅つきをしていました。庭にしつらえたかまどに蒸籠をのせてもち米を蒸らしたりして、お祭りのように楽しかった…。だからでしょうか、今もお餅が大好き。かつお節と昆布、ステラのごはん用に使っている鶏肉でだしを取り、風味豊かなお雑煮を作ります。おせちは、長年使い続けている塗りのお重に。黒豆は、毎年炊いているうちにおいしくできるようになりました。↓作り方はＰ１５３

三つ葉をふわりとのせた自慢のお雑煮。

塗りの器の赤が映えるよう、空間をあけて盛り付けたおせち。自慢の黒豆も。

## ひな祭りは ずっと昔から同じ。古びた小さな人形に 再会する日

竹雛の絵は省ちゃんが描いたもの。

背丈3cmにも満たない竹雛。はんなりとしたいいお顔。

わが家の雛人形は1941年生まれ、83歳になる小さな竹雛です。長いつき合いになり、大切にしているつもりでもところどころ色がはげてきました。でも、生まれたままの姿が美しいから、修復はしません。ありのままに年を重ねたのですから、それが愛おしいのです。そして、人形のそばに花を。桃と菜の花にこだわらずに、ピンクのチューリップや光の粒のようなミモザをいけることもあります。

もうひとつの楽しみは、近所にある岡本公園民家園（江戸後期などの古民家を公開する施設）を訪ねること。時間が止まったような懐かしい空間に展示される雛人形たちと1年ぶりに会って、静かな時間を味わいます。

# 七夕には、裏庭でのびのび育つヒマラヤカラムスの葉をたっぷりと

7月7日は私が暮らしている東京は梅雨のまん中。この時季には、まとわりつくような暑さをひととき忘れさせてくれるヒマラヤカラムスという竹をいけます。黄色みを帯びた明るい緑色と、細くて繊細な葉の形が、七夕にぴったりなの。写真に写っているのがその竹で、家の裏手に地植えした枝を切ったもの。最初は隣接する家との目隠しがほしくて、静岡県の富士竹類植物園から苗を運んで植えました。こちらの予想を超えてすくすくと成長してくれたから、枝を切っては何度もいけられるの。風が吹けばさわさわと葉がこすれる音がして、軽やかです。

竹の明るい葉色に合う淡い色の花たちを合わせていけます。

5月下旬になると
庭のバラたちが
ほころんで
景色が変わります。

# バラの季節は、野バラ咲く丘へ。今ではそれが自然に身を置く唯一のひととき

今の私が心身を休める場所は、茨城県の野バラ咲く丘(プライベートガーデン)。もともと大輪の野バラが自生していたところで、好きな草花を育てています。春には花教室の生徒さんも一緒に行き、まばゆい新緑のなか花をいけ、おしゃべりに時を忘れます。

思えば、若い頃から自然の中に身を置く時間を作ってきました。最近、宿泊施設に手ぶらで行けるグランピングが話題ですが、当時は重い日除けテントや食べ物を持って移動したものです。よく訪ねたのは神奈川県にある三浦半島。小さな海辺には人影もなくて、ときおり白い帆をふくらませたヨットが通り過ぎるのを眺めました。流木で火を焚き、魚を焼いて食事をするなど楽しいことばかりでしたが、でも、海にはあまり花がない…。私が今もここに通うのは、やはり草花が咲くところに惹かれるからでしょう。

↑花教室の日。かごや花器がたくさん。

→緑広がる庭で庭に咲く花をいけます。

←広い空と霞む山並み…。野バラ咲く丘は幸せな場所。

秋色をした
おいしい実りも
絵のモチーフに。

# 秋には秋の色を拾って
# 絵を描きます。
# 上手かどうかなんて
# 気にしない

下は山小屋の
初秋の風景。
大根ととうもろこしを
持って歩くのは
私と省ちゃん。

絵を描き始めたのは、２００１年秋のある日、足を滑らせて怪我を負ってからです。夜も痛くて眠れなかったから、気を紛らわせるために、テーブル上にあったスケッチブックと色鉛筆をふと手にしたのが最初です。それまで絵なんて描いたことがなかったけれど、水彩絵の具を絵筆で紙に落とすととってもきれいで、一瞬でその楽しさを知りました。今も上手だなんてちっとも思っていないし、上手に描こうとも思っていません。でも、幼い頃からずっと絵を描いてきた省ちゃんが〝永順の絵は上手じゃないからいい〟と言ってくれます。その言葉だけでいいのです。

冬から春の
気配を感じる頃は、
大好きなツバキを
いけるのが
楽しみ

ツバキにはたくさんの種類がありますが、私がいちばん好きなのは極光という名前の花。写真に写っているのがそれで、ひと重と半八重咲きの、ひらひらとして軽やかな花びらの美しいこと…。わが家のテラスと、野バラ咲く丘（P140）でも育てています。

テラスに咲いたら、切っていけるのは毎年のこと。葉を取り除くとバラと見紛うように優雅だから、部屋に飾るとツバキと気づかないお客様もいるほどです。2月から春まで、1本の木に100輪くらいの花を次々咲かせてくれるのもうれしいわ。

和のイメージとは違う
艶やかな極光は、
開き切ったときに見える
花芯も素敵。

# クリスマスは
# 特別なシーズン。
# いくつになっても
# ツリーやサンタと
# 一緒に迎えたい

省ちゃん作のクリスマス絵本。

　幼い頃は、家にクリスマスツリーはありませんでした。思い出は、お母さんが注文してくれた生クリームと苺いっぱいのケーキをケーキ屋さんに取りに行き、しっとりと甘いそれを頬張ったことだけ。クリスチャンではないし、教会でお祈りを捧げたこともないんですよ。そんな私が、大人になってからクリスマスに部屋を飾るようになったのは、心の奥に憧れがあったからでしょうか。『ログ・キャビン』を営んでいた頃は、ツリーやリース、お菓子をいっぱい用意して大勢でパーティ。それが終わると雪が降り積もる山小屋に出かけ、白い聖夜を過ごしていました。
　時が過ぎて今は家で省ちゃんとふたり。やっぱり、12月になれば部屋を飾ります。自然に手が動いて、家にある材料でリースを作り、花をいけ、サンタの人形たちにも会いたくなるのです。

ヒイラギのリース。
これまで
いくつリースを
作ったことか…。

毎年飾っている
花教室の生徒さんから
いただいた
ツリーのカード。

サンタの家族？
いちばん左は
生まれたての
赤ちゃん。

# わが家のすこやかレシピ

## 15種類もの
## 自然の旨味が
## 凝縮された絶品

# キムチ

### 材料

白菜 …… 1株
塩 …… 240g

A
大根 …… 1/3本
にんじん …… 1本
生姜 …… 親指大2個
にんにく …… 2片
りんご …… 2個
柿 …… 2個
にら …… 1束
せり …… 1束
切り干し大根 …… 80g
干しエビ …… 25g
イカの塩辛 …… 200g
くるみ …… 80g
白ごま（いりごま） …… 大さじ3
干し貝柱の粉 …… 大さじ1
粉唐辛子 …… 100g

P86で紹介

## 白菜の塩漬け

### 作り方

❶白菜は傷んだ葉を取ってからよく洗い、4つ割りにしてから3㎝ほどのざく切りにする。
❷漬物容器に塩をまぶしながら、①をぎっしりと重ねて漬ける。
❸1〜2日おいて、水が上がってくるのを待つ。

## キムチ本漬け

### 下準備

塩漬けした白菜はざるに取り水気をきる。大根、にんじん、生姜、にんにくは皮をむいて千切りにする。りんごと柿は芯を除き、皮をむいて千切りにする。にらとせりは洗って2〜3㎝の長さに切る。切り干し大根は洗ってから2〜3㎝のざく切りにする。イカの塩辛、くるみは細かく刻む。

### 作り方

❶下準備をしたAの15種類の食材を大きなボウルに入れ、手でもみ込んでよく混ぜる。
❷①に水気をきった白菜を入れる。
❸Aと白菜をボウルの中でさらにもみ込む。
❹漬けたその日から食べられる。熱湯消毒した容器に移し、冷蔵庫で保存する。
※左の写真は4つ割りの白菜を漬けた、以前の作り方。現在は塩漬けの前に白菜をざく切りにしている。細かいほうがもみ込みやすい。

P88で紹介

ブランデーと
塩だけで作る
香り高い大粒梅

# 梅干し

## 材料

南高梅……1kg
塩……180g
ブランデー……350mℓ

## 作り方

❶梅を洗ってタオルで拭く。竹串でヘタを取る。保存用の瓶を熱湯消毒しておく。
❷瓶の底に塩を入れ、梅を敷き詰める。これを交互にくり返し、最後は梅の上に塩を厚く敷き詰める。
❸ブランデーを注ぎ、落とし蓋をして重しをのせる。永順流は焼酎ではなくブランデー。手頃な価格のブランデーで十分で、香りの高さがまったく違ってくる。梅酢が上がって塩が溶けるまで冷暗所に置く。
❹1カ月ほどそのまま保存したあと、梅雨が明けて晴天が続く時季に、ざるなどに並べて2〜3日干す。時々裏返す。
❺密閉容器に入れて保存する。

・すべての材料は1回に作りやすい分量で表しています。
・計量の単位は、大さじ1=15mℓ、小さじ1=5mℓ、1カップ=200mℓです。また適量と記載されているものは好みに応じて味を見ながら調整してください。
・特に表記のない限り、火加減は中火を表します。調理時間や温度は目安の数値です。使用する器具、気候、素材の状態によって変わりますので、その都度調整してください。

こんなにシンプル。
しゃきしゃき食感の
究極の常備菜

# 醤油漬け

（玉ねぎ、にんにく）

## 材料

玉ねぎ……2個
酢……1.5カップ
醤油……大さじ2

## 作り方（玉ねぎ）

❶玉ねぎは皮をむき、10等分ぐらいに切る。
❷熱湯消毒した保存容器に玉ねぎを入れ、上から醤油を注ぎ、ひたひたになるまで酢を入れる。酸っぱいのが苦手ならば、酢を少なくして時々容器の上下をひっくり返して味をなじませれば大丈夫。
❸スライスして、サラダに入れてもおいしい。
※にんにくも皮をむき、よく洗って水気をしっかり拭いてから、同様に漬ける。

玉ねぎ

にんにく

P89で紹介

白ワインで
さっと煮るから
フルーティ

## フルーツ コンポート
(いちじく)

P92で紹介

### 材料

| | |
|---|---|
| いちじく | 10個 |
| 白ワイン | 300mℓ |
| 砂糖 | 180g |

### 作り方

❶いちじくは丸洗いして、半分か4つ割りにする。
❷大きめの鍋に①と白ワイン、砂糖を入れて火にかける。沸騰したら弱火にして、アクを取りながら12～13分煮る。
❸②が冷めたら冷蔵庫に入れてさらに冷やす。冷凍してもよい。
※他の果物も甘さを調整しながら同様に作る。

市販のあんこと
粉寒天を使うと簡単。
わが家自慢の涼菓

## 水ようかん

P90で紹介

### 材料

| | |
|---|---|
| 市販のあんこ(こしあん) | 600g |
| 粉寒天 | 6g |
| 水 | 4カップ |

### 作り方

❶水4カップを鍋に入れ、火にかける。粉寒天6gをさらさらと入れる。
❷沸騰したら弱火にして約3分、粉寒天を完全に溶かす。
❸火を止めて、あんこを一度に入れて混ぜ、よく溶かす。
❹細長い型3本に流し入れて、バットに並べて流水で30分ほど冷やし、粗熱を取る。
❺冷蔵庫に移して冷やす。朝作ると、午後3時には十分冷えておいしい。

ごはんを中心に、
すべてのものを
彩りよくひと皿に

# ワンプレート朝ごはん

P95で紹介

## 材料

● いりこ（頭、腹わたを取ったもの）…… 100g
味つけ用
日本酒大さじ2、砂糖大さじ1、みりん小さじ1、醤油大さじ1、白醤油大さじ1、干し貝柱の粉小さじ1、干しエビ大さじ1、おろし生姜大さじ1、一味唐辛子少々
他に白ごま大さじ1、ごま油適量
● きゅうりの塩漬け（食べる際に酢をかける）
● 他にごはん、卵、季節の野菜、果物など

## 作り方（いりこ）

❶いりこがかぶるくらいの水でいりこを4〜5分煮る。煮汁はとっておく。
❷フライパンにごま油を熱し、煮汁から取り出したいりこを炒める。
❸②に味つけ材料を入れて2〜3分炒める。①の煮汁を2カップ加えて水分がなくなるまで炒め煮し、白ごまをかける。
※ごはんを中心に、ひと皿に盛りつける。

漬けたり絞ったり。
万能のレモンを
毎日の暮らしに

# レモンのはちみつ漬け

P92で紹介

## 材料

レモン …………………… 適量
はちみつ ………………… 適量

## 作り方

❶レモンを洗ってタオルで拭き、薄くスライスする。
❷熱湯消毒した保存容器に①を入れ、はちみつを加える。レモンは水分が出るので、はちみつは容器の2/3程度の量でよい。
＊ジュースにするときは、漬けたシロップを炭酸水で割って飲む。

毎日食べても飽きない。
そうめんにも
薬味をたっぷり揃えて

# 夏のそうめんランチ

## 材料（ふたり分）

- そうめん……3束
- めんつゆ（2回分）
いりこ(頭と腹わたを取ったもの)15g、昆布15㎝、かつお節ひとにぎり、水3.5カップ、日本酒大さじ2、白醤油大さじ3、塩少々
- らっきょうの酢漬け（右の作り方参照）
- きゅうりの塩漬け（食べる際に酢をかける）
- わかめ
- 他に季節の野菜、豆腐、薬味数種（刻んだねぎ・生姜・しそ・ごまなど）

## 下準備（めんつゆ）

❶いりこ、昆布、水を鍋に入れて火にかける。沸騰直前に昆布を引き出し、すぐにかつお節を入れて火を止め、3分置いてからざるで漉す。
❷日本酒、白醤油で味を調え、好みで塩を足す。永順流のめんつゆは薄味でそのまま飲めるほどおいしい。数日分まとめて作り、冷蔵庫で保存しておくと便利。

## 作り方

そうめんは食べる直前に茹で、すぐに氷水でしめる。らっきょうの酢漬けなどの常備菜と、わかめや季節の野菜を用意して添える。

### らっきょうの酢漬け

## 材料

らっきょう……1kg
合わせ酢
砂糖150g、塩40g、酢4.5カップ、たかのつめ4本

## 作り方

❶らっきょうはきれいに洗ってタオルで拭いておく。
❷合わせ酢の材料を鍋に入れて火にかけ、砂糖が溶けたら火を止める。人肌に冷ましてかららっきょうを漬ける。生のままのらっきょうを漬けると、しゃきしゃきした触感が楽しめる。
❸熱湯消毒した瓶に入れて冷暗所に保存する。

P95で紹介

意外とよく合う
あんこと
スコーン

# あんこ入り
# スコーン

P96で紹介

## 材料

- 薄力粉 …… 150g
- アーモンドプードル …… 50g
- 砂糖（好みで） …… 50g
- 重曹 …… 8g
- 無塩バター …… 50g
- 生クリーム …… 100mℓ
- あんこ …… 200g

## 下準備

薄力粉、アーモンドプードル、重曹を合わせてふるい、バターは室温に戻しておく。オーブンの天板にクッキングシートを敷く。オーブンを180℃に温めておく。

## 作り方

❶ボウルに下準備でふるった粉と砂糖とバターを入れ、切り混ぜる。
❷サラサラに混ざり合ったら生クリームを加え、まとめる。
❸耳たぶくらいの硬さになったら12等分する。それぞれまん中にあんこを入れて丸める。ナッツなどをのせてもよい。
❹天板に並べて180℃のオーブンで20〜25分焼く。

甘みを軽く含ませた
輝く黒豆は、
おせちの王様

# 黒豆煮

## 材料

黒豆……3カップ
重曹……小さじ1
熱湯……8カップ
蜜
　砂糖……2.5カップ
　水……3カップ

## 下準備

黒豆を洗って鍋に入れ、重曹と熱湯を入れてひと晩置いておく。鉄鍋を使うと、黒い色がきれいに輝く。

## 作り方

❶ひと晩おいた鍋をそのまま強火にかけ、煮立ったら弱火にしてアクをすくいながら約3時間煮る。水分が蒸発したら水ではなく湯を加える。
❷指で軽く押さえてみて柔らかくなったら、豆がひたひたになるまで煮詰めて火を止め、人肌に冷ます。
❸②の鍋に少しずつぬるま湯を加えて重曹の成分を洗い流す。破れた豆は除く。
❹別の鍋に蜜の材料を入れて火にかける。砂糖が溶けたら火を止めて人肌に冷ます。
❺④の鍋にざるで水気をきった黒豆を入れる。クッキングシートをかぶせて弱火で3〜4分煮る。そのままひと晩置く。
❻翌日、蜜から黒豆を取り出し、蜜だけを軽く煮詰めたら黒豆をまた戻して、さらに甘みを含ませて完成。冷蔵庫に保管して1週間ほどで食べてほしい。

P137で紹介

コラム

# ～省ちゃんが文を寄せてくれました

私たちは1962年に知り合いました。永順が社会で花開くきっかけは、桑沢デザイン研究所への進学が大きかったと思います。写真科に進級して撮影の純粋な喜びに目覚め、ずっと人物を撮っていたのですが、71年のヨーロッパ旅行のあと、カメラを手にしなくなりました。

73年の冬、永順がひと言「雪が見たい」と。降り積もる純白の世界に抱かれると、ふたりを取り巻いていたしがらみも消え去り、なにものにも縛られない個としての自分を見つけたようでした。水上高原の麓の美しい村。山小屋に暮らし、私たちは草木の姿や四季の移ろいとともに生きることを決めたのです。

永順にとって野に咲く花は、風に揺れるたたずまいに身をゆだね、語り合う存在。永順のいける花は、野にあるよりも鮮明に姿を浮き立たせます。

山小屋での野の花との数年を経て、再びカメラを手にした永順。野の花の姿を撮影することで、むしろ純粋な写真家として筋を通したとも言えます。

「ものをはっきり見すぎるから永順は目が疲れるの！」と言うけれど、初めて会ったときから、なにものにも視線をそらさない瞳の奥の輝きに、ときめきを覚えるのは僕だけではないはず。

**「50年間、ずっと永順の花と写真を観てきました。野にあるよりも鮮明に浮き立つ花の姿を」**

省三より

何十年も前の
福島での展覧会で
撮影した
珍しいツーショット。
寄り添って。

なにものにも
視線をそらさない
瞳の強い輝きは、
出会った頃から
変わらずに。

コラム

# ～あとがきに代えて

山小屋を建てて35年目の記念に、『永順』という本を作りました。花を育てて、花をいけて、自分で撮影するという生き方を、呼吸に近い感覚で続けてきました。そうした私の花に、多くの反響をいただいたのは思いがけない喜び。どこか峠を登りきった気がして『永順』を区切りとしたのです。

人生は末広がりでもなく、永遠ではないと教えてくれたのは、花。咲ききったときがいちばん美しく、でも、枯れてゆく姿も愛おしく、実や種がまた、次の命へとつながっていく…。

それでは、私たちはこれからどうしよう。省ちゃんと考えました。

その答えが、今の日々です。これからは自宅の周りをふるさとにする。体調によって遠出が難しくなるから、

「80歳の今、花がそばに咲いているだけで幸せ。ステラと省ちゃんと、今日を思いきり楽しむの！」

山小屋を手放す覚悟をする。かけがえのない、大好きなものに囲まれて、自分との約束を毎日休まず続ける。私がいちばんおいしいと思うものを作って、規則正しく3食いただく。

そして、花と暮らしてステラと省ちゃんと今日の暮らしを思いきり、真剣に楽しむ！ シンプルにしたいのに結局欲張りね。でも、それもまた私らしいのかも。

今日もまた、
テラスに咲いた花を
キッチンの窓辺に
いけて。

サンルームから
眺める夕暮れの空は
とてもきれい。
自然との繋がりを
感じられるわが家。

# 高橋永順・今日までの歩み

1944年
1月25日神奈川県に生まれる
大家族で、父と母は勤勉な人だった
母は近所で評判の料理上手で、いつもおいしい食事を作ってくれた

1950年
小学校入学
小さい頃は内向的で不器用だったのか、友だちもあまりいない目立たない子
代わりに本を読んだり、花を摘んだり、おとなのすることや周りをじっと観察していた

1962年
桑沢デザイン研究所入学
高校卒業後の進路を決めかねていた頃、桑沢デザイン研究所のパンフレットに偶然出合う
なんとか無事に入学して、リビングデザイン科2年コースに在籍
佐藤忠良先生に学ぶ
基礎を学ぶため3カ月だけ芸大志望の人が通う予備校、御茶の水美術学院に通う
そこで高橋省三、省ちゃんに出会う

1963年
2年生になって、桑沢で省ちゃんに偶然再会

1964年
10月、母が54歳で亡くなる
料理のこともふるさとのことも、
母に教わりたかったことを何も聞けないままの早い別れ
写真科1年コースに進級
カメラも持っていなかったのに、7人だけの狭き門に合格
父が一眼レフのカメラ一式を買ってくれて、毎日毎日、街で写真を撮る

1965年
桑沢デザイン研究所を卒業
写真科の特別講師だった重森弘淹先生に街で偶然出会い、
東京綜合写真専門学校に入る
校長である重森先生じきじきのカメラマン養成クラスで、2年間指導を受ける

1967年　『カメラ時代』新人奨励賞を受賞
重森先生の紹介で、カメラマン篠山紀信さんの助手を3カ月間だけ務める
1968年　省ちゃんと結婚
写真は撮り続けていたが、発表しようという気はなかった
1971年　写真学校が企画した4週間のヨーロッパツアーに参加
1974年　群馬県の水上町に省ちゃんと山小屋を建てる
心の拠り所を得て、新しい人生がスタートした
1976年　東京の奥沢に『ログ・キャビン』のショップをオープン
1977年　『anan（アンアン）』をはじめとして、『ログ・キャビン』が雑誌に次々に取り上げられるようになる
1978年　『高橋永順花教室』を開く。現在でも月1回のレッスンが続く
1982年　第1回高橋永順展。以降、4回開催
1985年　ウエディングやファッションショー、フジテレビ「夜のヒットスタジオDX」など、海外も含めて大きなイベントの依頼を数多く受ける
1988年　「永順花カレンダー」の発行が始まる。現在も毎年の制作が続く
1989年　朝日カルチャーセンターをはじめ、この年よりNHKカルチャーや日本橋髙島屋など、各地の文化教室の講師に呼ばれる
1994年　ニューヨークのイベントから帰国後、過労のため帯状疱疹で入院
2004年　世田谷区岡本に、新しく家を建てる
2008年　山小屋を建ててから35周年を記念して『永順』を出版
2009年　奥沢のアトリエを閉じ、花教室を自宅で続ける
2010年　ステラと暮らし始める
2011年　野バラ咲く丘で庭作りを始める
2015年　骨折で入院したあと、遠出をやめて自宅で楽しく暮らせるように生活を見直す
2023年　山小屋を手放す

高橋永順
Takahashi Eijun

写真家、フラワーアーティスト。

1944年生まれ。桑沢デザイン研究所、東京綜合写真専門学校卒業。

1976年に『ログ・キャビン』のショップを東京・奥沢にオープンする（現在は閉店）。

1978年より『高橋永順花教室』を開く。花の自然な表情を切り取った、軽やかなスタイルが人気を博し、テレビや雑誌に数多く取り上げられ、イベントなども手掛ける。雑誌『花時間』では創刊号から最多の登場で、花のある暮らしの美しさとその楽しみを読者に届けた。80歳の今もテラスで変わらず花を育て、省ちゃんこと夫の省三さん、愛犬ステラと暮らす。『永順花ものがたり』（文化出版局）ほか著書多数。

# 今《いま》がいちばん。花《はな》と暮《く》らして 永順《えいじゅん》80歳《さい》

2024年12月12日　初版発行

著者・高橋永順《たかはしえいじゅん》
発行者・山下直久
発行・株式会社KADOKAWA
〒102-8177
東京都千代田区富士見2-13-3
電話 0570-002-301（ナビダイヤル）

印刷所・大日本印刷株式会社
製本所・大日本印刷株式会社


ISBN 978-4-04-897797-5　C0077